\ 知っておきたい /

中小企業の
税務・法務・労務・
許認可

社長と
士業の
図解問答
50選

野川悟志・松岡慶一・佐々木 徹
日隈久美子・星野 誠

共著

一般財団法人
大蔵財務協会

はしがき

　会社を経営する以上、税務といった1つの分野だけでなく、法務や労務はもちろん、許認可を含めた全方位的な知識は得ておきたいところです。実際の現場をみると、税務など各分野の士業が会社の顧問となり、それぞれの専門分野についてアドバイスをしたり相談を受けたりしているところですが、例えば、税理士が労務について相談を受けることも少なくありません。そのようなときに個別具体的な対応はできないまでも、一般論としての受け答えをしたいものです。

　具体例を挙げてみると、従業員の賃金を引上げる場合に、税務の面では税の優遇措置として賃上げ促進税制の適用は可能なのか。労務の面では、賃上げの方法として基本給を上げて対応した方がよいのか、それとも手当で対応した方がよいのか。さらに、賃上げによって社会保険料は増額になるのか、といった検討も必要です。

　また、建設業を営む法人が自社所有のトラックを有効活用するために、トラックの空き時間に取引先の荷物を運搬する業務を請け負うとした場合、これは法人の事業を多角化して収益を増やす点で有意義な施策かもしれません。しかし、許認可の面でみると、他人の荷物を運ぶという点で貨物自動車運送事業としての許可を受ける必要はないのか。法務の面では新たな事業を営む場合に、定款変更や登記の必要はないのか。さらに、労務の面では運転手

の労働時間の管理上注意すべき点はないか、といったことも考えられます。

　このような実務の現状を考慮して、本書は税務・法務・労務・許認可の各分野において、中小企業の現場で起こり得る問題や改正された制度などを中心にテーマを50個に絞り、問答形式で取りまとめました。各分野に特化した問答形式の解説書は、これまでも幾多の書籍が出版されているところですが、本書は問答形式の解説に加えて、フローチャート、タイムフロー、Yes/Noチャートなどの図解を使ってより一層理解が深まるように工夫した点に特徴があります。上記で例示した課題とそれに対する検討テーマを図解にしてみると次のようになります。

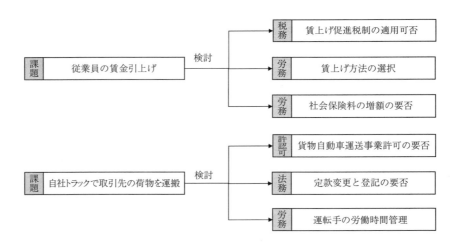

　なお、利便性を追求する観点から、1つのテーマは4ページ程度のボリュームでコンパクトにまとめているため、記載内容に不

十分な点があるかもしれません。本書を手にされた読者の皆様からのご指摘等を踏まえ、今後内容を充実させていきたいと考えています。

　本書が経営者はもちろん、経理担当者や税務・法務・労務・許認可の実務に携わる多くの方にとって、各分野の留意点が一覧できるハンドブックとして、幅広くご活用いただければ著者として望外の喜びです。

　また、本書はフローチャートなどの図解を多用していますが、図解の種類と基本的なルールについては巻末の付録に取りまとめましたので併せてご活用ください。

　最後に、本書出版の機会を与えてくださいました一般財団法人大蔵財務協会の木村幸俊理事長をはじめ、出版編集部の皆様には終始ご協力とご支援をいただきました。深甚感謝申し上げます。

令和6年10月

著者を代表して　野川悟志

CONTENTS

第1章 税務分野

1. 中小企業向け賃上げ促進税制の適用要件と企業区分 ─── 2
2. 少額の減価償却資産に係る損金算入の取扱い ─── 7
3. 完全子法人株式に係る受取配当の益金不算入と源泉徴収不要の措置 ─── 11
4. 外国人留学生のアルバイト代と源泉徴収の要否 ─── 16
5. 国外居住親族に係る扶養控除適用時の必要書類 ─── 21
6. 非居住者に不動産の賃借料を支払う場合の税務上の注意点 ─── 24
7. 給与に係る所得税の源泉徴収漏れと確定申告による精算の可否 ─── 28
8. 2割特例を適用した課税期間後の簡易課税制度の選択 ─── 32
9. 自然災害の被災者と作成する工事請負契約書の印紙税の非課税措置 ─── 36
10. 帳簿の記載が不十分な場合等の過少申告加算税の加重措置 ─── 40
11. インボイス発行事業者でない者から仕入れた場合の消費税の税額計算 ─── 44
12. 大口株主の上場株式に係る配当所得の課税の特例 ─── 49
13. 偽りその他不正の行為により国税を免れた株式会社の役員等の第二次納税義務 ─── 53
14. 電子帳簿保存法における電子取引データの保存 ─── 57

- ⑮ 企業版ふるさと納税の活用による税制優遇措置等の概要 ── 62
- ⑯ 中小企業倒産防止共済（経営セーフティ共済）の損金算入の制限措置 ── 67
- ⑰ 税制優遇措置がある新NISAとiDeCoの活用 ── 70
- ⑱ 暦年課税による生前贈与の加算対象期間等の見直しと相続時精算課税に係る基礎控除の創設 ── 75
- ⑲ 小規模企業共済の活用による税制優遇措置等の概要 ── 80
- ⑳ インボイス制度下における領収書の記載事項 ── 85

第2章 法務分野

- ① 夫婦間における居住用不動産の贈与と所有権移転登記 ── 92
- ② 相続登記の義務化により3年以内の登記が必要 ── 97
- ③ 住所に変更があった場合の抵当権の抹消手続き ── 100
- ④ 株式会社と合同会社の違いと会社設立手続き ── 103
- ⑤ 減資するために必要な債権者保護手続き等 ── 108
- ⑥ 増資による経営支配権への影響と種類株式の発行 ── 112
- ⑦ 役員変更の時期と役員登記懈怠によるみなし解散 ── 116
- ⑧ 休眠会社の解散・清算手続き ── 119
- ⑨ 法定後見と任意後見の違い ── 122
- ⑩ 公正証書遺言と自筆証書遺言の違い ── 125

第3章 労務分野

1. 中小企業における就業規則作成のポイントと手順 ———————— 130
2. 労働条件の明示のタイミングと明示事項 ———————————— 135
3. 始業前準備や終業後の後片付け等の業務と労働時間 —————— 140
4. 残業代の支払いが必要な管理職（管理監督者）の判定 ————— 143
5. パートタイマーから正社員になった場合の有給休暇付与日数 — 149
6. 退職時の手続きとトラブル回避のための注意点 ———————— 153
7. 育児休業とは別枠の産後パパ育休（出生時育児休業）制度 —— 157
8. 職場におけるパワーハラスメントの類型と防止策 ——————— 162
9. 副業・兼業に係る労働時間の管理と認める場合の注意点 ——— 168
10. 問題社員を解雇する場合の手順とトラブル回避のための注意点 ———————————————————————————————— 173

第4章 許認可分野

1. 請負金額の範囲と軽微な工事に係る建設業許可の要否 ————— 180
2. 空き物件の活用による物品の寄託契約と倉庫業登録の要否 —— 184
3. 産業廃棄物を自社で処理する場合の廃棄物処理業許可の要否 — 188
4. 引き取った中古品を販売する場合の古物商許可の要否 ————— 194
5. 従業員に金銭を貸し付ける場合の貸金業登録の要否 —————— 198
6. Webサイトで自社製品を販売する場合の電気通信事業登録の要否 ———————————————————————————————— 202

7	公共事業受注に係る入札参加資格と経営事項審査 ——— 206
8	他の運送事業者に委託する場合の貨物利用運送事業の規制 — 210
9	自社で運送する場合の一般貨物自動車運送事業の規制 ——— 215
10	関連会社の物件の賃貸を媒介する場合の宅地建物取引業の規制 ———————————————————————— 220

第5章 付 録

| 1 | 図解の種類 ———————————————————— 226 |
| 2 | 図解の基本的なルール ———————————————— 233 |

おわりに ———————————————————————— 239
著者紹介 ———————————————————————— 240

【執筆担当一覧】

分 野	項 目	執筆者
税務分野	1～15	野川悟志
	16～20	松岡慶一
法務分野	1～10	佐々木　徹
労務分野	1～10	日隈久美子
許認可分野	1～10	星野　誠

第 1 章

税務分野

税務分野

1 中小企業向け賃上げ促進税制の適用要件と企業区分

社長 法人税において賃上げ促進税制という税額控除が受けられる制度があると聞きました。どのような場合に適用できるのでしょうか。

税理士 賃上げ促進税制は、雇用している従業員の給与が前年度に比べて増えている場合に法人税額を減額することが可能となる制度です。

この制度は資本金などによって、従来大企業向け措置と中小企業向け措置の2種類でしたが、令和6年度税制改正で新たに中堅企業向け措置が設けられ、全企業向け、中堅企業向け、そして中小企業向けの3種類となりました。さらに、中小企業向け措置では、赤字法人の賃上げを後押しする観点から、当期に法人税額から控除できなかった金額を5年間繰り越すことができるようになりました。

社長 法人の場合、中小企業など企業の区分にはどのような基準があるのでしょうか。

税理士 中小企業は資本金等の額が1億円以下である場合とされています。中堅企業は一定の場合を除き、常時使用する従業員の数が2,000人以下である場合です。

なお、全企業向けの適用に当たっては、資本金等の額が10億円以上で、常時使用する従業員の数が1,000人以上である場合又は常時使用する従業員の数が2,000人を超える場合は、マルチステークホルダー方針の公表及びその旨の届出が必要になります。また、中堅企業向けの適用に当たっても、資本金等の額が10億円以上で、常時使用する従業員の数が1,000人以上である場合も同様にマルチステークホルダー方針の公表等が必要になりますので注意が必要です。

　ご説明した企業の区分について図解にすると次のようになります。

賃上げ促進税制における企業区別

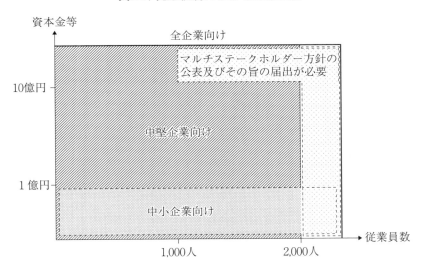

社長 そうしますと、当社は中小企業に該当しますので、中小企業向け措置を適用することになるのでしょうか。

税理士 中小企業であっても全企業向けや中堅企業向け措置の適用は可能ですが、まずは中小企業向けを検討してみましょう。

社長 では、中小企業向け措置の具体的な適用要件はどのようになっていますか。

税理士 まず、この賃上げ促進税制は改正されることが多いので、適用年度には注意する必要があります。仮に令和6年4月1日以降開始の事業年度で適用するとした場合の要件は、国内雇用者の給与等が前年度から1.5％以上増加している場合に、給与等の増加額の15％が法人税額から控除されます。これは標準的な控除割合です。

社長 このほかにどのような控除割合があるのですか。

税理士 税額控除割合の上乗せ措置があります。

まず、給与等の増加割合が2.5％以上である場合は15％、教育訓練費が前年度から5％以上増加し、かつ、教育訓練費の国内雇用者の給与等に対する割合が0.05％以上である場合には10％がそれぞれ上乗せされます。

さらに、子育てと仕事の両立支援や女性活躍の推進に積極的な企業が認定される「くるみん認定」や「えるぼし認定」等を受けている場合には、5％が上乗せされます。

社長 これら3つの上乗せ措置の要件を全て満たしている場合には、控除割合はどのようになりますか。

税理士 全ての要件を満たしている場合にはそれぞれ15%、10%、5%の合計30%が上乗せされますので、標準的な控除割合の15%に上乗せ分の30%を加えて、最大45%となります。なお、控除額は法人税額の20%が限度ですが、控除できなかった金額は、翌年度以降に5年間繰り越すことができます。

ご説明した中小企業向け措置の税額控除割合と適用要件を図解にすると次のようになります。

中小企業向け賃上げ促進税制の税額控除割合（上乗せ措置後）

雇用者給与等の増加割合	教育訓練費の増加割合 5％未満			教育訓練費の増加割合 5％以上・対給与等割合 0.05％以上		
		くるみん認定等			くるみん認定等	
1.5％未満	−	−	−	−	−	−
1.5％以上	15%	無	15%	25%	無	25%
		有	20%		有	30%
2.5％以上	30%	無	30%	40%	無	40%
		有	35%		有	45%

ポイント整理

　賃上げ促進税制は、雇用している従業員の給与が前年度に比べて増えている場合に法人税額を減額することが可能となる制度。この制度は資本金などによって、全企業向け、中堅企業向け、そして中小企業向けの3種類。中小企業向け措置では、赤字法人の賃上げを後押しする観点から、当期に法人税額から控除できなかった金額を5年間繰り越すことが可能。

税務分野

2 少額の減価償却資産に係る損金算入の取扱い

社長 少額の減価償却資産については、その取得価額を全額損金に算入できるなどの措置があると思いますが、取得価額によって適用可能な措置は違うのでしょうか。

税理士 まず、購入した減価償却資産の取得価額について、注意していただきたい点をご説明します。この取得価額には、引取運賃など取得に要した費用を加算することになります。消費税の扱いについては、経理処理の方法が税抜経理方式であれば、取得価額は税抜額とし、税込経理方式であれば税込額となります。

その上で取得価額が10万円未満のもの、又は、使用可能期間が1年未満のものは、その減価償却資産を事業の用に供した日の属する事業年度において損金経理した場合には、その取得価額の全額を一時の損金とすることができます。これは少額減価償却資産の取得価額の損金算入という措置です。

社長 取得価額が10万円以上の場合はどのようになりますか。

税理士 その場合、先ほどの少額減価償却資産の取得価額の損金算入の特例として、資本金等が1億円以下の一定の中小企業者が適用できる措置があります。これは取得価額

が30万円未満のものについて、その取得価額の合計が300万円に達するまでの金額を一時の損金とすることができる措置です。

社長 少額な減価償却資産については、300万円という損金に算入できる限度額はあるものの、30万円未満のものであればその取得価額を一時の損金とすることができるのですね。

税理士 そのほかの措置としては、取得価額が20万円未満のものは、その減価償却資産を事業の用に供した場合、その取得価額を事業の用に供した事業年度以後の各事業年度の費用又は損失とする方法を選択したときは、その取得価額の合計額を3年間で損金とすることができます。これは一括償却資産の損金算入という措置です。

社長 3つの措置を適用するに当たり何か注意する点はありますか。

税理士 これら3つの措置については、対象となる減価償却資産から貸付けの用に供したものは除かれます。ただし、ここでいう貸付けは主要な事業として行われるものは除かれます。

社長 なぜ、貸付けの用に供したものは対象から除かれているのですか。

税理士 もともとこれらの3つの措置は企業の事務負担に配慮して設けられたものです。しかし、近年当期の利益を圧

縮する目的で、自らの事業では用いない少額資産を大量に取得し、その取得した資産を直ちにその資産の売却企業等に貸し付けることで、即時に損金算入をしつつ、その取得費用相当額は賃貸収入等として貸付期間で益金にしていくといった、法人税の負担軽減手段として利用する実態があるようです。そのため、令和4年度税制改正において、主要な事業として行われる貸付け以外の貸付けの用に供する減価償却資産については、これら3つの措置の対象から除かれました。

社長 　固定資産税の取扱いはどのようになりますか。

税理士 　いわゆる償却資産として固定資産税の課税対象となる資産については、取得価額が10万円未満のもの、又は、使用可能期間が1年未満のものに該当するとして一時の損金としたものは対象外となります。

　また、取得価額が20万円未満のもので一括償却資産として3年間で損金とすることとしたものも対象外となります。

　一方で、30万円未満の少額減価償却資産の損金算入の特例として一時の損金としたものは対象となりますので注意が必要です。

　ご説明した取得価額の違いによる減価償却資産の取扱いと、固定資産税の関係を図解にすると次のようになります。

取得価額の違いによる減価償却資産の取扱いと固定資産税の関係

取得価額又は使用可能期間	通常の減価償却		少額減価償却資産の損金算入（全額損金）	
		固定資産税		固定資産税
10万円未満又は1年未満	適用可	対象	適用可	対象外
10万円以上20万円未満	適用可	対象	適用不可	
20万円以上30万円未満	適用可	対象	適用不可	
30万円以上	適用可	対象	適用不可	

取得価額又は使用可能期間	少額減価償却資産の損金算入の特例（全額損金）		一括償却資産（3年償却）	
		固定資産税		固定資産税
10万円未満又は1年未満	適用可	対象	適用可	対象外
10万円以上20万円未満	適用可	対象	適用可	対象外
20万円以上30万円未満	適用可	対象	適用不可	
30万円以上	適用不可		適用不可	

ポイント整理

　取得価額が10万円未満のもの、又は、使用可能期間が1年未満のものは、その減価償却資産を事業の用に供した日の属する事業年度において損金経理した場合には、その取得価額の全額を一時の損金とすることができる。これは少額減価償却資産の取得価額の損金算入という措置。

税務分野

3 完全子法人株式に係る受取配当の益金不算入と源泉徴収不要の措置

社長 当社Ｓ社は私が100％出資した法人でしたが、先般増資し、株式の引受は私の子と、増資（※）のタイミングでその子が100％出資で設立した法人Ｐ社の２者です。増資後のＳ社への出資割合は私が80％、子が10％、Ｐ社が10％となります。そこで、来期Ｓ社は配当を考えていますが、Ｐ社への配当に当たり注意すべき点はありますか。

なお、Ｓ社増資後の出資関係とＳ社の配当の計算期間を図解にすると次のようになります。

（※） 増資の手続きは、法務分野６「増資による経営支配権への影響と種類株式の発行」を参照。

S社増資後の出資関係図

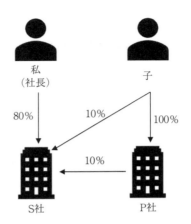

S社の配当の計算期間

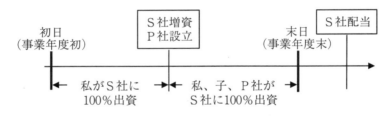

税理士　P社側では受取配当の益金不算入の問題、他方S社側では支払う配当に係る源泉所得税の問題があります。まず、P社とS社の関係から整理してみましょう。

社長 　P社はS社の株式を10％保有しているだけですが、法人間で何か問題がありますか。

税理士 　P社とS社は完全支配関係にあると考えられます。

社長 　完全支配関係とはどのような関係ですか。

税理士 完全支配関係とは、一の者が法人の発行済株式等の全部を直接又は間接に保有する場合における当該一の者と当該法人との間の関係で、これは当事者間の完全支配関係と呼ばれています。また、一の者との間に当事者間の完全支配関係がある法人相互の関係もこれに該当します。なお、一の者とは、その者が個人である場合、その者及び親族など特殊関係のある個人とされています。

社長 私の場合、一の者はどのようになりますか。

税理士 社長とお子さんを含めて一の者となります。そして、P社はお子さんの100％出資ですので、P社は一の者による完全支配関係があるとされます。次に、S社は社長とお子さんからなる一の者による出資が90％で、さらに一の者による完全支配関係にあるP社が10％出資となっていますので、S社は一の者による完全支配関係があるとみなされます。

その上でP社とS社の関係をみますと、それぞれの法人は一の者による完全支配関係がありますので、P社とS社は法人相互の完全支配関係となります。

社長 P社とS社が完全支配関係となると、P社側では受取配当の益金不算入についてどのような点に注意が必要ですか。

税理士 完全子法人株式に係る配当については、その配当の全額を益金の額に算入しないこととされています。対象と

なる完全子法人株式については、原則的には配当の計算期間中継続して完全支配関係が必要です。しかし、上図のように計算期間の中途にＰ社がＳ社の株式を取得した場合には、他の者との完全支配関係の継続期間を含めて判定しますので、ご質問の場合、計算期間の初日から末日まで継続して完全支配関係があることになります。

社長 次に、Ｓ社側では配当に係る源泉所得税についてはどのような点に注意が必要ですか。

税理士 Ｐ社が完全支配関係にあるＳ社から受ける配当は、完全子法人株式に係る配当となりますので源泉所得税を徴収する必要はありません。これは令和４年度税制改正で措置されたもので、令和５年10月１日以後に支払を受けるべき配当に適用されます。

社長 なぜこのような措置がされたのでしょうか。

税理士 背景として、Ｐ社側では、完全子法人株式に係る配当については、配当の全額が益金の額に算入されないため法人税が課されないこととなる一方で、徴収された源泉所得税の還付金及び還付加算金が生じていました。これは、源泉所得税の精算が法人税の前払的性質を持つことや、所得税を効率的かつ確実に徴収するなどの源泉徴収制度の趣旨に合わないといった理由から見直されたものです。

ご説明した株式の保有割合による受取配当の益金不算

入割合と、支払う配当に係る所得税の源泉徴収の要否を図解にすると次のようになります。

受取配当の益金不算入割合と源泉徴収の要否

株式等の区分	株式等保有割合	益金不算入割合	源泉徴収
完全子法人株式	100%	100%	不要
関連法人株式	3分の1超100%未満	100% (負債利子・控除)	不要
その他の株式	5%超3分の1以下	50%	必要
非支配目的株式	5%以下	20%	必要

> **ポイント整理**
>
> P社が完全支配関係にあるS社から受ける配当は完全子法人株式に係る配当となるので、その配当の金額を益金の額に算入する必要はない。また、S社はその配当について源泉所得税を徴収する必要はない。

税務分野

4 外国人留学生のアルバイト代と源泉徴収の要否

社長 当社では、外国人の学生2人をアルバイトとして雇用（※）したいと考えていますが、アルバイト代の源泉所得税について注意すべき点はありますか。

（※） 採用時の労務上の注意点は、労務分野2「労働条件の明示のタイミングと明示事項」を参照。

税理士 まず、そのお2人の国籍、在留資格、在留期間などの詳細を教えていただけますか。

社長 在留カード（※）を見ると、1人目のAさんは、国籍は中国で、在留資格は留学、在留期間は6カ月となっています。語学専門学校の学生で、雇用期間は2カ月の予定です。

2人目のBさんは、国籍はインドで、在留資格は留学、在留期間は4年となっています。私立大学の学生で、雇用期間は1年の予定です。

（※） 参考「在留カード」（出入国在留管理庁のホームページより）

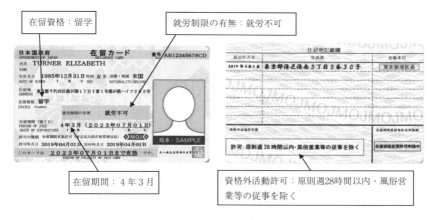

税理士 　源泉所得税の徴収の要否については、支払先が居住者に該当するのか、それとも非居住者に該当するのかによって取扱いが異なりますので、お２人がどちらに該当するのか確認していきましょう。

　まず、注意が必要な点として、外国人の方が来日し、国内において、継続して１年以上居住することを通常必要とする職業を有する場合には、来日した時から居住者と推定されます。そして、ここでいう職業には留学の期間も含むものとされています。

　そこでＡさんの場合、在留期間は６カ月ですので、居住者の推定規定の適用はありません。そうしますと、Ａさんは非居住者として扱われることになりますので、日本で得るアルバイト代は国内源泉所得に該当して、源泉

所得税を徴収する必要があります。

次にBさんの場合、在留期間は4年ですので、居住者の推定規定の適用により、来日した時から居住者となります。そうしますと、通常の日本人アルバイトと同様の取り扱いとなります。

社長 外国人留学生のアルバイト代については、租税条約によって免税になる場合があると聞いていますが、この2人には適用はないのでしょうか。

税理士 確かにそのような場合がありますが、締結国によってその内容が異なりますので、個々にみていきましょう。

まず、Aさんの場合、日中租税協定21条をみると、「専ら教育等を受けるために日本に滞在する学生であって、現に中国の居住者であるもの又はその滞在の直前に中国の居住者であったものが受ける給与で、生活費や学費に充てる程度の給与であれば、日本で免税とする」とされています。

ただし、ここでいう「学生」とは、高校や大学など学校教育法1条に規定する学校の学生である必要があります。Aさんは語学専門学校の学生ですのでこれには該当しません。

したがって、Aさんには免税の適用はありません。仮にAさんが私立大学の学生であった場合には、免税の対象となりますが、その場合には、Aさんが「租税条約に

関する届出書」を作成し、最初に給与の支払を受ける日の前日までに給与の支払者を経由して、支払者の所轄税務署長に提出する必要がありますので注意してください。

次にBさんの場合、日印租税条約20条をみると、先ほどの条約と同様に「専ら教育等を受けるために日本に滞在する学生であって、現にインドの居住者であるもの又はその滞在の直前にインドの居住者であったものが受ける給与で、生活費や学費に充てる程度の給与であれば、日本で免税とする」とされています。

ただ違う点として、20条のただし書きで「その給与が日本国外から支払われるものである場合に限る」とされています。そうしますと、Bさんは学校教育法1条に規定する学校の学生ではあるものの、その給与は日本国外で支払われるものではありませんので、免税の適用はありません。

社長 では、AさんとBさんにアルバイト代を支払う際、源泉所得税はどのように計算するのでしょうか。

税理士 まず、Aさんは非居住者で免税の適用はありませんので、アルバイト代に対し20.42％の税率で源泉所得税を徴収する必要があります。

Bさんについては居住者で免税の適用はありませんので、通常の日本人アルバイトと同様に、扶養控除等申告書（※）の提出の有無を考慮して、源泉所得税を徴収す

る必要があります。

　ご説明した外国人留学生と租税条約における免税要件の関係を図解にすると次のようになります。

（※）　扶養控除等申告書に関する注意点は、税務分野5「国外居住親族に係る扶養控除適用時の必要書類」を参照。

外国人留学生と租税条約における免税要件

租税条約		免税要件1（要約）	免税要件2（要約）
中国	日中租税協定21条	生活費や学費に充てる程度の給与であれば、日本で免税	
インド	日印租税条約20条		その給与が日本国外から支払われるものであること

（※）　上記のほかタイやインドネシアからの留学生の場合、滞在期間や収入金額などに制限がある。

> **ポイント整理**
>
> 　源泉所得税の要否については、支払先が居住者に該当するのか、それとも非居住者に該当するのかによって取扱いが異なるので、どちらに該当するのか確認する。外国人が来日し、国内において、継続して1年以上居住することを通常必要とする職業を有する場合には、来日した時から居住者と推定される。

税務分野

5 国外居住親族に係る扶養控除適用時の必要書類

社長　給与支払時の所得税の源泉徴収や年末調整について、国外に居住する親族を扶養控除の対象とするには確認書類が必要になっているようですが、どのような書類が必要なのでしょうか。

税理士　令和5年1月1日以後に支払われる給与で国外居住親族を扶養控除の対象とする場合には、親族関係を証明する書類（親族関係書類）や、その親族の生活費や教育費に充てるための支払をしたことを証明する書類（送金関係書類）が必要となります。

　ただし、これらの確認書類は、親族の年齢のほか、留学で国外に居住しているのか否か、障害者であるのか否かによって異なります。また、扶養控除等申告書の提出時と年末調整時でも異なりますので注意してください。

社長　例えば、当年35歳の方で、留学生や障害者に該当しない親族の場合は、具体的に何が必要になりますか。

税理士　そのような場合は、まず、扶養控除等申告書の提出時には親族関係書類が必要になります。

社長　では、年末調整時には何が必要になりますか。

税理士　生活費や教育費に充てるために38万円以上送金してい

る場合には扶養控除の対象となりますので、送金を証明する送金関係書類（38万円送金書類）が必要になります。

社長　仮に、この方が、留学によって国外に居住している親族の場合には、何が必要になりますか。

税理士　その場合には、扶養控除等申告書の提出時には親族関係書類に加えて留学による在留資格を証明する書類（留学ビザ等書類）が必要になります。そして、年末調整時には送金関係書類が必要になります。

　ご説明した確認書類を、年齢別に16歳から29歳まで、30歳から69歳まで、そして70歳以上に区分して、扶養控除等申告書提出時と年末調整時で必要な書類を図解にすると次のようになります。

国外居住親族の年齢等に応じた確認書類

年　齢	扶養控除	扶養控除等申告書提出時		年末調整時	
		親族関係書類	留学ビザ等書類	送金関係書類	38万円送金書類
〜15歳	対象外				
16歳〜29歳	対象	必要	―	必要	―
30歳〜69歳					
留学	対象	必要	必要	必要	―
障害者	対象	必要	―	必要	―
38万円以上送金	対象	必要	―		必要
上記以外	対象外				
70歳〜	対象	必要	―	必要	―

> **ポイント整理**
>
> 　令和5年1月1日以後に支払われる給与で国外居住親族を扶養控除の対象とする場合には、例えば親族関係を証明する書類（親族関係書類）やその親族の生活費や教育費に充てるための支払をしたことを証明する書類（送金関係書類）が必要となる。

税務分野

6 非居住者に不動産の賃借料を支払う場合の税務上の注意点

社長 当社の営業所は品川区内にある賃貸マンションの一室に入居しているのですが、不動産管理会社からこのマンションのオーナーが変わるとの連絡がありました。

税理士 どのような方に変わるのですか。

社長 今までは千代田区に本店がある会社がオーナーでしたが、それが香港に居住しているH氏になるようです。

税理士 H氏が香港に居住している個人であれば、非居住者に該当すると考えられます。

社長 その場合には、何か問題はありますか。

税理士 税務上、非居住者に不動産の賃借料を支払う場合には注意が必要です。具体的には、非居住者や外国法人から日本国内にある不動産を借り受け、日本国内で賃借料を支払う者は、法人はもちろん個人であっても、その支払の際20.42％の税率で計算した額の源泉所得税を徴収しなければならないとされています。ただし、支払う者が個人の場合で、不動産の賃借料のうち、土地、家屋等を自己又はその親族の居住の用に供するために借り受けて支払うものは、源泉徴収をする必要はありません。

社長 非居住者への支払は、外国人留学生のアルバイトのよ

うに租税条約（※）が関係するのでしょうか。

(※) 外国人留学生に関する租税条約は、税務分野4「外国人留学生のアルバイト代と源泉徴収の要否」を参照。

税理士 わが国が締結している多くの租税条約では、建物等の不動産の賃貸料については、不動産が所在する国においても課税できることとされています。そこで、日香港租税協定6条をみると「香港の居住者が日本に所在する不動産から得る所得は、日本で課税することができる」とされていますので、ご質問の香港のH氏に支払う不動産の賃借料はわが国で課税されることになります。

社長 賃借料は、当社からオーナーに直接支払うのではなく、不動産管理会社に支払っています。この不動産管理会社は品川区に本店がある日本の法人ですが、このような場合も源泉徴収しなければならないのでしょうか。

税理士 不動産管理会社は賃借料の回収を代行しているだけで、実質的に賃借料の支払を受けるのは非居住者のオーナーになりますので、源泉徴収が必要になります。

社長 当社は納期の特例の適用を受けていますので、源泉所得税は給与所得の場合と同様に年2回の納税でよいのでしょうか。

税理士 非居住者に対し、国内で支払った賃借料から徴収した源泉所得税は、納期の特例の適用はなく、支払った月の翌月10日までに納付しなければなりません。なお、納付

する際は一般的な「給与所得・退職所得等の所得税徴収高計算書」ではなく、「非居住者・外国法人の所得についての所得税徴収高計算書」を使用することになりますので注意してください。

社長　納付のほかに何か注意する点はありますか。

税理士　例えば、翌年1月31日までに法定調書（非居住者等に支払われる不動産の使用料等の支払調書）を提出する必要があります。

ご質問のような非居住者に対する不動産の賃借料の支払と、税務上の注意点を図解にすると次のようになります。

非居住者に不動産の賃借料を支払う場合の税務上の注意点

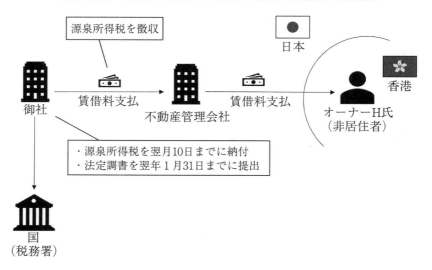

> **ポイント整理**
>
> 　税務上、非居住者に不動産の賃借料を支払う場合には注意が必要。具体的には、非居住者や外国法人から日本国内にある不動産を借り受け、日本国内で賃借料を支払う者は、一定の場合を除き法人はもちろん個人であっても、その支払の際20.42％の税率で計算した額の源泉所得税を徴収しなければならない。

税務分野

7 給与に係る所得税の源泉徴収漏れと確定申告による精算の可否

社長 知人の社長から源泉所得税のことで相談を受けました。従業員に対し会社から経済的利益（※）が付与され、これが給与所得に該当するものであるところ、支払者であるその会社が経済的利益に係る所得税を源泉徴収していなかったというものです。その従業員は経済的利益を含めて所得税の確定申告をして納税を済ませたということでしたが、後日、その会社に国税当局の調査があり、経済的利益に係る所得税の源泉徴収漏れを指摘され、納税告知処分を受けたようです。

（※） 給与は金銭で支給されることが普通ですが、食事の現物支給や物品等の資産を無償又は低額で譲渡したことで受ける利益などを経済的利益（現物給与）といい、これらも原則として給与所得に該当します。

税理士 そのことについて、何か気になることがあるのでしょうか。

社長 相談を受けて思ったのですが、経済的利益である給与所得について、会社が所得税を源泉徴収していなかったとしても、その従業員が給与所得を確定申告して納税すれば、源泉徴収漏れも精算されます。そうしますと、改めてその会社に対して源泉徴収漏れに係る納税告知処分

税理士 をしなくてもよいような気がします。いかがでしょうか。

確かに、そのような考え方もあるかもしれませんね。

しかし、給与の受給者である従業員が確定申告をしたことをもって、会社に対する源泉徴収義務が消滅するという規定はありませんので、仮に受給者による確定申告があったとしても、それをもって源泉徴収義務はなくならないことになります。つまり、納税告知処分は適法ということです。

社長 過去に同様の事例があるのでしょうか。

税理士 例えば、給与支払者の源泉徴収義務と確定申告の関係が問題となった事例として国税不服審判所平成19年1月12日裁決（裁決事例集№73）があります。

これは、給与支払者である審査請求人（以下「請求人」といいます。）が、役員に付与したストックオプションの権利行使に係る経済的利益の供与について所得税を源泉徴収しなかったところ、原処分庁が、請求人に所得税の源泉徴収義務があったとして行った納税告知処分に対して、請求人がその処分の全部の取消しを求めた事案です。

社長 この事案で請求人はどのように主張したのでしょうか。

税理士 請求人は、社長が指摘されたように受給者が確定申告をすれば、その所得に係る源泉徴収義務は消滅すると主張したのですが、審判所は受給者が確定申告をしたこと

をもって、源泉徴収義務が消滅する旨の法令の規定はないから、源泉所得税を徴収しなかった場合、確定申告があったとしても、それにより源泉徴収義務が消滅することはないとして、請求を棄却しました。つまり、請求人に対する源泉徴収漏れの納税告知処分は適法ということになります。

このように源泉徴収は金銭で支給される給与にとどまらず広範囲に対象となりますので、経済的利益に当たりそうな場合には注意が必要です。

ご説明した裁決事例を基に、源泉徴収制度と確定申告における国（原処分庁）、請求人（支払者、源泉徴収義務者）、役員（受給者）の3者の関係を図解にすると次のようになります。

3者（国・請求人・役員）の関係

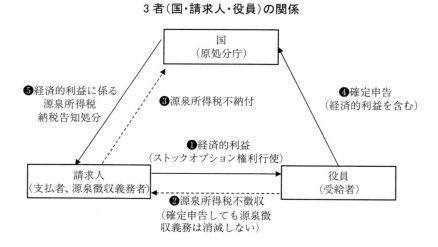

ポイント整理

　給与の受給者である従業員が確定申告をしたことをもって、会社に対する源泉徴収義務が消滅するという規定はないので、仮に受給者による確定申告があったとしても、それをもって源泉徴収義務はなくならない。

税務分野

8 2割特例を適用した課税期間後の簡易課税制度の選択

社長 当社の取引先である個人事業主の方から消費税について相談がありました。具体的には、この方は1人で商売をしていて規模も小さいので、消費税は免税事業者でした。しかし取引上の都合から、令和5年10月1日以降は適格請求書発行事業者、いわゆるインボイスの発行事業者となり、課税事業者となりました。そして令和5年分の消費税の申告は、小規模事業者に係る税額控除に関する経過措置、いわゆる2割特例を使って申告したようです。しかし、令和6年分は場合によっては2割特例ではなく、簡易課税制度を適用して申告したいようですが、どちらを適用した方がよいのでしょうか。

税理士 この個人の方が卸売業を営む事業者であれば別ですが、そうでない場合、例えばサービス業であれば2割特例を使った方が税制上のメリットが見込まれます。

社長 具体的にはどのようなメリットがあるのでしょうか。

税理士 簡易課税制度はみなし仕入率を基に仕入れに係る消費税額を計算し、売上げに係る消費税額から控除して納税額を求めます。みなし仕入率は例えば卸売業の場合には90％、飲食業を除くサービス業の場合は50％とされてい

ます。一方で、２割特例の場合みなし仕入率は業種に関わらず一律に80％となりますので、サービス業の場合で比較すると、２割特例の方がみなし仕入率が高くなり、これを適用した方が納付税額が少なくなります。

ただし、２割特例を適用しようとする年分の基準期間の課税売上が1,000万円を超えている場合には適用できません。ご質問のように令和６年分で適用しようとする場合にはその基準期間である令和４年分の課税売上が1,000万円を超えている場合には適用できませんので注意が必要です。

社長 仮に、令和４年分の課税売上が1,000万円を超えている場合にはどのようにすればよいでしょうか。

税理士 ２割特例を適用できる期間は、令和５年10月１日から令和８年９月30日までの日の属する各課税期間となりますが、これが適用できないのであれば、簡易課税制度の適用が考えられます。

社長 確か、簡易課税制度を適用して申告するためには、適用しようとする年分の前年中に届出が必要だったと思います。この方の場合、令和６年分から簡易課税制度を適用するのであれば、令和５年中に届出が必要だったのでしょうか。

税理士 ご指摘のように、簡易課税制度の適用を受けようとする場合、原則的な取り扱いとしては、その課税期間の初

日の前日までに、「消費税簡易課税制度選択届出書」を納税地の所轄税務署長に提出することで、その課税期間から簡易課税制度を適用することができます。

ただし、2割特例の適用を受けた適格請求書発行事業者が2割特例の適用を受けた課税期間の翌課税期間中にこの届出書を提出すれば、その課税期間から簡易課税制度の適用を受けることができることとされています。

したがって、この方の場合、令和6年分から簡易課税制度を適用するのであれば、令和6年中に届出書を提出すればよいことになります。

ご説明した2割特例を適用した課税期間後の簡易課税制度の選択の可否を図解にすると次のようになります。

2割特例適用後の簡易課税制度適用の可否

令和3年分 — 免税事業者 — 課税売上1,000万円以下

令和4年分 — 免税事業者 — 課税売上1,000万円超

令和5年分 — 免税事業者（〜10/1）／課税事業者 — 課税売上1,000万円以下 — 2割特例

令和6年分 — 課税事業者 — 課税売上1,000万円以下
- 2割特例適用不可（令4年課税売上1,000万円超）
- ⇩
- 令6年中に選択届出書提出
- ⇩
- 簡易課税適用可

令和7年分 — 課税事業者 — 課税売上1,000万円以下 — 2割特例か簡易課税適用可

令和8年分 — 課税事業者 — 課税売上1,000万円以下 — 2割特例か簡易課税適用可

> **ポイント整理**
>
> 簡易課税制度のみなし仕入率は、例えば卸売業の場合には90％、飲食業を除くサービス業の場合は50％。一方、2割特例の場合、みなし仕入率は業種に関わらず一律80％となるので、サービス業の場合で比較すると、2割特例の方がみなし仕入率が高くなり、これを適用した方が納付税額が少なくなる。

税務分野　2割特例を適用した課税期間後の簡易課税制度の選択

税務分野

9 自然災害の被災者と作成する工事請負契約書の印紙税の非課税措置

社長 　自然災害によって住宅家屋倒壊の被害を受けた被災者から代替建物の新築工事を請け負うことになりました。請け負うに当たっては注文者を被災者、請負者を当社とする工事請負契約書を共同で作成することになります。

　主な契約内容としては、契約日は令和6年3月14日、請負金額は2,200万円（内消費税200万円）、工期は令和6年6月末までに完成させ引渡すこととしています。そしてこの契約書を2通作成して両者で署名捺印し、注文者と当社で各1通を所持することになります。このような契約書の場合、いくらの収入印紙を貼付することになりますか。

税理士 　工事請負契約書はいわゆる2号文書（請負に関する契約書）に該当しますので、通常であれば印紙税額は2万円となりますが、建築業法2条1項に規定する建設工事の請負に係る契約書については税率が軽減されますので、ご質問の契約書の場合、印紙税額は1万円となります。ただし、これは御社が所持する契約書について適用される税率です。

社長 　では、注文者が所持する契約書はどのようになるので

すか。

税理士 御社が所持する文書と異なり、自然災害で被害を受けた被災者が所持する契約書は非課税文書となります。

なお、ここでいう自然災害は、暴風、豪雨、豪雪、洪水、高潮、地震、津波、噴火その他の異常な自然現象によって生じる被害のうち、被災者生活再建支援法の適用を受ける災害をいいます。

また、非課税措置の対象となる契約書は、自然災害が発生した日から5年以内に作成されるもので、市町村長等からり災証明を受けるなど一定の要件がありますので注意が必要です。

社長 当社は国や地方公共団体から工事を請け負うこともあり、その場合も今回と同様に両者で署名捺印して、注文者である国等と当社で各1通を所持することとしています。このような場合、当社が所持する契約書には収入印紙が貼られていませんが、国等が所持する契約書には収入印紙を貼ることになっています。

税理士 そうですね。国等と御社のような国等以外の者との間で作成される契約書については、国等が所持する契約書は御社が作成したものとみなされる一方で、御社が所持する契約書は国等が作成したものとみなされることになります。そうしますと、国等が所持する契約書は課税文書、御社が所持する契約書は非課税文書になります。

社長 　被災者との契約書においては、国等との契約の場合とは考え方が異なるということですね。

税理士 　被災者と被災者以外の者との間で作成する契約書については、被災者が所持するものは、その被災者が作成したものとみなされる一方で、御社のような被災者以外の者が所持する契約書は御社が作成したものとみなされますので、御社が所持する契約書は課税文書ということになります。

　このように被災者との契約の場合と、国等との契約の場合では課否の区分が異なります。それぞれの対応関係を図解にしてみると次のようになります。

被災者と契約する場合の印紙税の課否

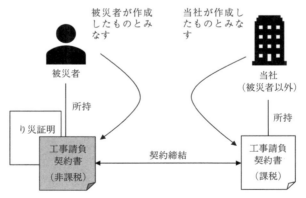

国等と契約する場合の印紙税の課否

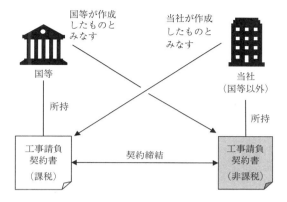

> **ポイント整理**
>
> 　自然災害で被害を受けた被災者が所持する契約書は非課税文書となる。非課税措置の対象となる契約書は、自然災害が発生した日から5年以内に作成されるもので、市町村長等からり災証明を受けるなど一定の要件がある。

税務分野

10 帳簿の記載が不十分な場合等の過少申告加算税の加重措置

社長 税務調査を受け、法人税の修正申告をして追加で納税額が発生する場合、過少申告加算税が課されることになりますが、この課税割合が見直されたと聞きました。見直し前は10%ですが、どのように変わったのでしょうか。

税理士 加算税制度の見直しは令和4年度税制改正で措置されました。具体的には、帳簿の提示がない場合など一定の場合に過少申告加算税が加重されます。

社長 なぜこのような措置がされたのでしょうか。

税理士 これは、帳簿の記帳水準を向上させるために、記帳義務を適正に履行しない納税者に対し、過少申告加算税を加重することとして新たに措置されたものです。

社長 具体的にどのような場合に過少申告加算税が加重されるのでしょうか。

税理士 例えば、調査において総勘定元帳などの帳簿を税務調査官に提示しない場合や、帳簿を提示したもののその帳簿に記載すべき事項のうち売上などの収入に関する事項の記載が著しく不十分な場合には、帳簿に記載すべき事項に係る増差税額（※）の10%に相当する金額が加算されます。

なお、収入に関する事項の帳簿への記載が著しく不十分ではないものの、記載が不十分である場合には、記載すべき事項に係る増差税額の5％に相当する金額が加算されます。

また、この収入には、雑収入などの営業外収益や特別利益は含まれません。

(※) 増差税額とは、修正申告による税額と当初期限内申告による税額の差額をいいます。例えば、修正申告税額が80万円で期限内申告税額が50万円の場合、差額の30万円が修正申告により追加で納付する税額となり、この30万円を増差税額といいます。

社長 ここでいう「著しく不十分」や「不十分」はどのように判断するのですか。

税理士 記帳の程度として「著しく不十分」とは、収入について記載すべき事項の金額の2分の1に満たない場合とされ、「不十分」とは、記載すべき事項の金額の3分の2に満たない場合とされています。

社長 記帳の程度については、なぜ経費で判断しないのですか。

税理士 経費については通常、税額を減らす要素となりますので、収入に比べて納税者の自主的な記帳が期待できることなどがその理由とされています。

社長 では、調査の結果、売上の過少計上と経費の過大計上に基づく修正申告をして、収入に関する記帳の程度が不十分であった場合、過少申告加算税はどのように計算す

るのですか。

税理士 記帳の程度は収入に関する事項のみで判断しますが、過少申告加算税の加重措置の対象は帳簿に記載すべき全ての事項が対象となります。そうしますと、売上の過少計上だけでなく、経費の過大計上に基因して納税することとなるものを含めた増差税額が加重措置の対象となります。

社長 このような加重措置はいつから適用になるのですか。

税理士 加重措置は、令和6年1月1日以後に法定申告期限が到来するものについて適用になりますので、例えば令和5年10月決算期分の修正申告から適用されることになります。

　ご説明した帳簿不提示等による加重措置のほか、高額な増差税額の場合の加重措置もありますので、これらを含めた過少申告加算税の課税割合を図解にすると次のようになります。

過少申告加算税の課税割合

区　　　　　分			課税割合 (加重後)
通常			10%
更正の予知なし	調査通知前		－
	調査通知後		5 %
		50万円超（※1）	10%
加重	高額な増差税額	50万円超（※1）	15%
	帳簿不提示等	不提示又は記載が著しく不十分	20%
		記載が不十分	15%

（※1）　増差税額が期限内申告税額又は50万円を超える場合の超える部分の金額に対する割合。
（※2）　上記のほか優良な電子帳簿に記載された事項に関する申告漏れがあった場合は過少申告加算税が5％軽減される（電子帳簿保存法8④）。

> ### ポイント整理
>
> 　調査において総勘定元帳などの帳簿を税務調査官に提示しない場合や、帳簿を提示したもののその帳簿に記載すべき事項のうち売上などの収入に関する事項の記載が著しく不十分な場合には、帳簿に記載すべき事項に係る増差税額の10％に相当する金額が加算される。

税務分野

11 インボイス発行事業者でない者から仕入れた場合の消費税の税額計算

社長 当社の仕入先のほとんどは、適格請求書いわゆるインボイスの発行事業者ですが、先日ある取引でインボイス発行事業者でないA社から商品の仕入れがありました。仕入先がインボイス発行事業者でない場合、消費税の納税額が変わると聞いています。どのように変わるのでしょうか。

税理士 令和5年10月1日から始まったインボイス制度では、消費税の仕入税額控除を受けるためには、インボイスが必要となります。このインボイスは、インボイス発行事業者として登録された者が発行することができます。御社の場合、消費税の簡易課税制度の適用を受けておらず原則的な方法で計算されていますので、これを前提にご説明します。

社長 では、単純な取引を例に説明していただけますか。A社から仕入れた商品を得意先B社に販売したとして、A社からは商品代金5,000円、消費税500円で仕入れて請求書を受け取り5,500円の支払をしました。そして、仕入れた商品は売上先B社に商品代金20,000円、消費税2,000円で販売して、22,000円を受け取ったとします。これを

フローチャートにすると次のようになります。

商品取引の概要

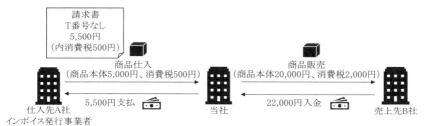

税理士　仕入先のA社はインボイス発行事業者ではありませんので、A社から受け取った請求書（Tで始まる番号の表示なし）はインボイスではないことになります。そうしますと、この請求書に記載された500円は消費税に相当するものであり、控除することができません。

原則的な方法の場合、売上に係る消費税から仕入れに係る消費税を控除して納税額を計算しますので、この例ですと、売上に係る消費税の2,000円から控除できる仕入れに係る消費税は0円となりますので、納税額は2,000円となります。ちなみに、インボイス制度導入前であれば、売上に係る消費税の2,000円から仕入れに係る消費税は500円が控除されますので、納税額は1,500円となり、インボイス制度導入後は納税額が500円増えることになります。

社長 インボイス発行事業者でない者に支払った消費税は控除できないということですね。そうすると、インボイス発行事業者でない仕入先と取引する場合には、仕入れに係る消費税額が控除ができない分だけ当社が持ち出しになるということですか。

税理士 結果的にそうなりますが、そのような事態に対処するために、経過的な軽減措置が設けられています。インボイス制度導入後一定の期間は、インボイス発行事業者でない取引先からの仕入れであっても、消費税に相当する額の一定割合を仕入税額とみなして控除することができます。具体的には、インボイス制度導入後、令和5年10月1日から令和8年9月30日までの3年間はインボイスでない請求書に記載された消費税相当額の80％を、令和8年10月1日から令和11年9月30日までの3年間は同様に消費税相当額の50％を仕入税額とみなすこととされています。

社長 先ほどの例で考えるとどのようになりますか。

税理士 軽減措置を適用した場合には、インボイス制度導入後最初の3年間は、A社の消費税相当額の80％として400円が控除できますので、納税額は2,000円から500円の80％として400円を控除して1,600円と計算されます。さらに、その後の3年間は、2,000円から500円の50％として250円を控除して1,750円と計算されます。

ただし、これらの経過措置が終わると、原則的な計算となります。2,000円からの控除額は0円で、納税額は2,000円となります。

　このような軽減措置の状況を上から順に時系列で図解にすると次のようになります。

インボイス発行事業者でない者との取引に係る消費税軽減措置の状況

原則
(円)

売上に係る消費税	2,000	(B社)
仕入に係る消費税	0	(A社)
差引納税額	2,000	

当初３年間の経過措置
(令5.10.1～令8.9.30)

売上に係る消費税	2,000	(B社)
仕入に係る消費税 (500×80％)	400	(A社)
差引納税額	1,600	

その後の３年間の経過措置
(令8.10.1～令11.9.30)

売上に係る消費税	2,000	(B社)
仕入に係る消費税 (500×50％)	250	(A社)
差引納税額	1,750	

その後（原則に戻る）

売上に係る消費税	2,000	(B社)
仕入に係る消費税	0	(A社)
差引納税額	2,000	

> **ポイント整理**
>
> 　仕入先のＡ社はインボイス発行事業者ではないので、Ａ社から受け取った請求書はインボイスではない。事例の請求書に記載された500円は消費税に相当するものであり、控除することができない。

税務分野

12 大口株主の上場株式に係る配当所得の課税の特例

社長 私は個人で数年前から上場株式であるA社の株式を保有しており、株式の持株割合は1％です。このような上場株式に係る配当所得については、一般に所得税を源泉徴収された上で、申告分離課税や申告不要などの選択をしていたところですが、税制改正によって配当所得の課税方法が見直されたと聞きました。どのように改正されたのでしょうか。

税理士 ご指摘のように上場株式の配当所得については、一定の場合を除き、所得税15.315％と住民税5％の合計20.315％の割合で源泉徴収された上で、最終的には税負担を考慮して申告分離課税（申告不要）を選択されていたことと思います。

ところで、ここでいう一定の場合として、株式の持株割合が3％以上である個人の大口株主については、所得税のみを20.42％の割合で源泉徴収された上で、給与所得等などと併せて確定申告し総合課税によって課税されていたところですが、令和4年度税制改正におきましてこの申告分離課税（申告不要）の対象となる範囲が見直されました。

　　　　具体的には、内国法人から支払を受ける上場株式の配当で、その配当の支払に係る基準日においてその支払を受ける居住者とその者を判定の基礎となる株主として選定した場合に同族会社に該当する法人が保有する株式を合算して、その上場株式の持株割合が３％以上となるときにおける居住者が支払を受けるものが総合課税の対象となりました。

社長　個人株主の保有分だけでなく、仮にその個人株主が主宰する法人株主が保有している場合にはその法人株主の保有分も合算して判定するということですね。なぜこのように措置されたのでしょうか。

税理士　これは、令和２年度決算検査報告による会計検査院からの指摘が背景にあるとされています。具体的には、議決権の過半数を保有して支配している法人を通じるなどして持株割合が実質的に３％以上となっている個人株主と、大口の個人株主との間での課税の公平性が確保されていないのではないかという指摘です。前者の個人株主の場合、実質的に３％以上の持株割合となっていても申告分離課税（申告不要）が選択できる一方で、後者の個人株主の場合は、申告分離課税（申告不要）は選択できず総合課税となる点にあります。

社長　私が100％出資しているＢ社もＡ社の株式を保有しています。

税理士　B社の持株割合は何％でしょうか。

社長　現状の持株割合は１％ですが、今後買い増しして持株割合は２％を超えるかもしれません。

税理士　仮に、B社の持株割合が２％となり、社長個人の持株割合がそのままの１％であったとした場合には、税制改正によって社長個人は大口株主と判定されますので、上場株式に係る配当所得については総合課税によることとなります。ご説明した改正前後における大口株主の範囲を図解にすると次のようになります。

大口株主の範囲

改正前	改正後
社長個人 →持株割合100%→ 同族会社B社 持株割合1% 配当（分離課税等） 持株割合2% 上場会社A社 個人株主の持株割合で判定	社長個人 →持株割合100%→ 同族会社B社 持株割合1% 配当（総合課税） 持株割合2% 上場会社A社 個人株主と法人株主の持株割合で判定

社長　改正後の措置はいつから適用になるのでしょうか。

税理士　令和５年10月１日以後に支払われる上場株式の配当について適用になります。

　また、改正前後における個人と法人の持株割合に応じ

た課税方法について、社長個人のみが株式を保有していて持株割合が3％の場合、社長個人が1％で同族会社が1％の場合、そして社長個人が1％で同族会社が2％の場合の3パターンに分けて図解にすると次のようになります。

持株割合と上場株式に係る配当所得の課税方法

改正前	持株割合		改正後
	社長個人	同族会社B社	
総合課税	3％	－	総合課税
申告分離課税 （申告不要）	1％	1％	申告分離課税 （申告不要）
	1％	2％	総合課税

> **ポイント整理**
>
> 　内国法人から支払を受ける上場株式の配当で、その配当の支払に係る基準日においてその支払を受ける居住者とその者を判定の基礎となる株主として選定した場合に同族会社に該当する法人が保有する株式を合算して、その上場株式の持株割合が3％以上となるときにおける居住者が支払を受けるものが総合課税の対象となる。

税務分野

13 偽りその他不正の行為により国税を免れた株式会社の役員等の第二次納税義務

社長 法人税を免れるなどの不正行為を行った場合、役員に対し第二次納税義務が課されるようになったと聞きました。具体的にどのような制度なのでしょうか。

税理士 ご質問の制度は、「偽りその他不正の行為により国税を免れた株式会社等の役員に対し第二次納税義務を課す」というものですね。これは令和6年度税制改正で創設されたものです。

具体的には、架空経費を計上するなど偽りその他不正の行為により国税を免れ、又は還付を受けた株式会社等がその国税を納付していない場合において、徴収不足であると認められるときは、その偽りその他不正の行為をしたその株式会社等の役員は、その偽りその他不正の行為により免れた国税の額又はその株式会社等の財産のうち、その役員等が移転を受けたもの及びその役員等が移転をしたものの価額のいずれか低い額を限度として、その滞納に係る国税の第二次納税義務を負うことになります。なお、ここでいう国税には加算税等の付帯税を含むこととされています。

このような法人と役員の関係を図解にすると次のようになります。

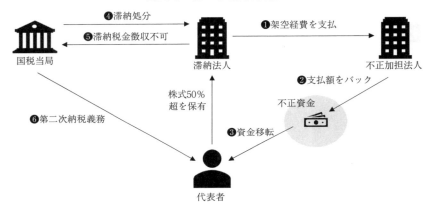

偽りその他不正の行為により国税を免れた株式会社の
役員等の第二次納税義務

社長 なぜこのような制度が措置されたのでしょうか。

税理士 措置された背景としては、法人が財産を散逸させた上で廃業する等により納税を免れようとする事案があるところ、滞納処分を行う時点でその法人の財産が残っていない場合が多く、国税の徴収が困難となっている事案が問題となっていたようです。そして、役員が簿外財産や不正還付金といった不正行為で財産を創出し、役員自らがその財産の移転を受けた場合や法人外部へ財産を移転させた場合でも、滞納国税についてその役員には追及できなかったことから、これを防止するために措置された

ものです。

社長 この制度の対象となるのは株式会社だけですか。

税理士 株式会社のほか、合資会社と合同会社が対象になります。

社長 対象となる役員の範囲はどのようになっていますか。

税理士 株式会社の役員のほか、合資会社や合同会社の業務を執行する有限責任社員が対象となりますが、その役員等を判定の基礎となる株主等として選定した場合に、その株式会社等が被支配会社に該当する場合におけるその役員等に限ることとされています。

社長 被支配会社とはどのような会社をいうのですか。

税理士 被支配会社は、その役員の親族等一定の者を含めた1株主グループの所有株式数が、会社の発行済株式の50％を超える場合等におけるその会社とされています。

社長 対象となる財産として、役員等が移転を受けたもの及びその役員等が移転をしたものとありますが、売上原価などの通常の取引によって移転した場合もこれに含まれるのでしょうか。

税理士 第二次納税義務の対象となる財産としては、通常の取引の条件に従って行われたと認められる一定の取引として移転をしたものは除かれます。

社長 このような制度はいつから適用になるのでしょうか。

税理士 令和7年1月1日以後に滞納となった一定の国税につ

いて適用されます。

> **ポイント整理**
>
> 　架空経費を計上するなど偽りその他不正の行為により国税を免れ、又は還付を受けた株式会社等がその国税を納付していない場合において、徴収不足であると認められるときは、その偽りその他不正の行為をしたその株式会社等の役員は、その偽りその他不正の行為により免れた国税の額又はその株式会社等の財産のうち、その役員等が移転を受けたもの及びその役員等が移転をしたものの価額のいずれか低い額を限度として、その滞納に係る国税の第二次納税義務を負うことになる。

税務分野

14 電子帳簿保存法における電子取引データの保存

社長 請求書などを電子メールでやり取りする場合、その取引情報は電子データで保存しなければならなくなったと聞きました。どのような取引情報が対象となるのでしょうか。

税理士 紙でやり取りしていた場合に保存が必要である書類が対象となりますので、例えば、注文書、契約書、領収書、見積書、請求書などに相当する取引情報を電子データとして保存する必要があります。これは、取引先から受け取った場合だけでなく、御社から取引先に送った場合にも保存する必要があります。御社の場合、ホームページやクラウドサービスを利用して受領した請求書や領収書のほか、クレジットカードのWeb明細などが該当するのではないでしょうか。

社長 注文書などを紙でやり取りした場合には、それをPDF等にデータ化して保存しなければいけないのでしょうか。

税理士 あくまでもデータでやり取りしたものが対象となりますので、紙でやり取りしたものはデータ化する必要はありません。ただし、業務管理の都合上、データ化するこ

とを否定するものではありません。

社長　電子取引データを保存する場合、何か注意することはありますか。

税理士　電子取引データを保存する際の注意点として、1点目にデータの改ざん防止のための措置をとる必要があります。2点目に「日付・金額・取引先」で検索できるようにする必要があります。そして3点目にディスプレイ、プリンタ等を備え付ける必要があります。

　なお、保存するデータのファイル形式は指定されていませんので、PDFに変換したものやスクリーンショットでも問題はないとされています。

社長　1点目のデータの改ざん防止のための措置には、どのような方法があるのでしょうか。

税理士　「タイムスタンプを付与」や「訂正・削除の履歴が残るシステム等での授受・保存」といった方法が考えられます。しかし、これらにはシステム費用が掛かりますので、簡易な方法としては、「改ざん防止のための事務処理規程を定めて守る」といった方法もあります。

　なお、この改ざん防止のための事務処理規程は、次のようなサンプルが国税庁ホームページで入手できます。

事務処理規程（サンプル）

（電子取引の範囲）
第4条　当社における電子取引の範囲は以下に掲げる取引とする。
　一　EDI取引
　二　電子メールを利用した請求書等の授受
　三　■■（クラウドサービス）を利用した請求書等の授受
　四　・・・・・・

（取引データの保存）
第5条　取引先から受領した取引関係情報及び取引相手に提供した取引関係情報のうち、第6条に定めるデータについては、保存サーバ内に△△年間保存する。

（対象となるデータ）
第6条　保存する取引関係情報は以下のとおりとする。
　一　見積依頼情報
　二　見積回答情報
　三　確定注文情報
　四　注文請け情報
　五　納品情報
　六　支払情報
　七　▲▲

社長　2点目の検索できるようにするには費用が掛かりそうですが、簡易な方法はありますか。

税理士　検索要件をクリアする簡易な方法としては、表計算ソフト等で索引簿を作成し、その表計算ソフト等の機能を

使って検索する方法があります。また、データのファイル名に規則性をもって「日付・金額・取引先」を入力し、特定のフォルダに集約しておくことで、フォルダの検索機能が活用できるようにする方法もあります。

社長 検索要件をクリアする方法としては、ファイル名に入力する方法が手間が掛からないかもしれませんね。

税理士 ファイル名に「日付・金額・取引先」を入力する方法の場合、具体的には次のように入力することが考えられます。

ファイル名への入力例

社長 このような電子取引データの保存はいつから適用されるのでしょうか。

税理士 令和6年1月1日以後に行う電子取引の取引情報について適用されます。

> **ポイント整理**
>
> 　注文書、契約書、領収書、見積書、請求書などに相当する取引情報を電子データで受け取った場合には、これを電子データとして保存する必要がある。これは、取引先から受け取った場合だけでなく、自社から取引先に送った場合にも保存する必要がある。

税務分野

15 企業版ふるさと納税の活用による税制優遇措置等の概要

社長 ふるさと納税については私も毎年利用していますが、広く注目されていますね。

税理士 利用者は多いようですね。総務省が公表している資料を見ますと、令和5年度のふるさと納税の受入額は1兆1,175億円、受入件数は5,895万件となっていて、いずれも過去最高の実績のようです。この制度が始まった平成20年度の受入額は81億円、受入件数は5万件ですので、これに比べるととても大きな伸びとなっています。

社長 ところで、法人が利用できるふるさと納税があると聞きました。どのような制度なのでしょうか。

税理士 いわゆる「企業版ふるさと納税」と呼ばれているもので、これは平成28年度税制改正で創設されました。具体的には、地方公共団体が行う地方創生を推進する上で効果の高い一定の事業に対し法人が行った寄附について、通常の寄附金の損金算入措置に加え、法人事業税、法人住民税及び法人税から一定の税額を控除するというものです。

控除される税額について創設時の措置では、通常の寄附金の損金算入措置によって国税と地方税は寄附額の約

3割となりますが、これに加えて法人事業税は寄附額の1割、法人住民税は寄附額の2割となり、合計で寄附額の約6割が控除されることになります。そうしますと、寄附による実質的な企業の負担は約4割となります。

社長 企業の負担額が4割であれば、寄附をしやすくなりますね。

税理士 さらに、この制度は令和2年度税制改正で税額の控除割合が拡充しました。

具体的には、通常の寄附金の損金算入措置による控除額は変わらず国税と地方税は寄附額の約3割となりますが、法人事業税は寄附額の2割、法人住民税は寄附額の4割となり、合計で寄附額の約9割が控除されることになります。そうしますと、寄附による実質的な企業の負担は約1割となります。ただし、控除には限度額があり、例えば、法人事業税については、法人事業税額の2割とされていますので注意が必要です。

ご説明した各税額控除割合を改正前と改正後で比較すると次のようになります。

企業版ふるさと納税の税額控除割合の新旧対照表

改正前	項目	改正後
寄附額の3割	通常の寄附金の損金算入措置（国税＋地方税）	寄附額の3割
寄附額の1割	追加措置（法人事業税）	寄附額の2割
寄附額の2割	追加措置（法人住民税）	寄附額の4割
寄附額の4割	実質負担額	寄附額の1割

社長 寄附はどこの地方公共団体でも対象となるのですか。

税理士 企業版ふるさと納税は、国が認定した地方公共団体の地方創生プロジェクトに対する寄附が対象になります。対象は、内閣府地方創生推進事務局の「企業版ふるさと納税ポータルサイト」で公表されており、「地域から探す」、「キーワードから探す」、「分野別の寄附募集事業」で探すことができます。

なお、認定を受けた地方公共団体の数は、このポータルサイトによると令和6年8月19日時点で46道府県、1,613市町村となっています。

社長 寄附に当たり注意する点はありますか。

税理士 まず、1点目に1回当たり10万円以上の寄附が対象と

なります。

　2点目として寄附を行うことの代償として地方公共団体から経済的な利益を受けることは禁止されています。具体的には、寄附の見返りとして、補助金を受け取ることや商品券、プリペイドカードなど換金性の高い商品などが該当します。ただし、地方公共団体の広報誌やホームページ等による寄附企業名の紹介や公正なプロセスを経た上で地方公共団体と契約する場合などは問題ありません。

　そして3点目に本社など主たる事務所が所在する地方公共団体への寄附については、この制度の対象外となります。

社長　寄附にはどのような手続きが必要ですか。

税理士　一般的な手続きの流れとしては、①地方公共団体に寄附を申し出る、②送付された納入通知書で寄附額を払込む、③寄附金受領書が送付される、④法人税等の税務申告書に明細書を添付して提出、⑤寄附金受領書を保存することになります。

　手続きの流れをフローチャートにすると次のようになります。

企業版ふるさと納税の手続きの流れ

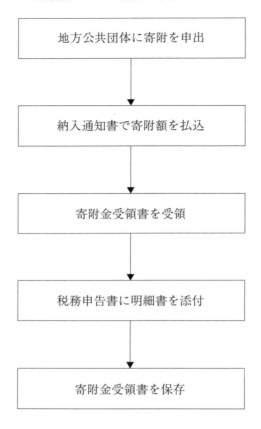

```
┌─────────────────────────┐
│  地方公共団体に寄附を申出  │
└─────────────────────────┘
            ↓
┌─────────────────────────┐
│  納入通知書で寄附額を払込  │
└─────────────────────────┘
            ↓
┌─────────────────────────┐
│   寄附金受領書を受領     │
└─────────────────────────┘
            ↓
┌─────────────────────────┐
│  税務申告書に明細書を添付  │
└─────────────────────────┘
            ↓
┌─────────────────────────┐
│    寄附金受領書を保存    │
└─────────────────────────┘
```

ポイント整理

　企業版ふるさと納税による税務上の措置は、通常の寄附金の損金算入措置によって国税と地方税は寄附額の約3割となるが、これに加えて法人事業税は寄附額の2割、法人住民税は寄附額の4割となり、合計で寄附額の約9割が控除されることになる。

税務分野

16 中小企業倒産防止共済（経営セーフティ共済）の損金算入の制限措置

社長　当社が利用している中小企業倒産防止共済、いわゆる経営セーフティ共済は、掛金の損金算入が制限されると聞きました。どのように変わるのでしょうか。

税理士　中小企業倒産防止共済は、掛金の月額は20万円が上限で、総額800万円に達するまで払い込むことができます。そして、この掛金については、租税特別措置法において損金算入の特例として、その掛金を支出した事業年度の損金に算入することとされていますので、加入者は多いようですね。

　しかし、令和6年度税制改正におきまして、一定の場合に損金算入が制限されることになりました。具体的には、中小企業倒産防止共済の契約解除があった後に、再度共済契約を締結した場合には、その解除の日から同日以後2年を経過する日までの間に支出する共済の掛金は、この特例が適用できないので損金に算入できないことになります。

社長　なぜこのような措置がされたのでしょうか。

税理士　措置された背景には、中小企業倒産防止共済制度の不適切な利用があるようです。本来この中小企業倒産防止

共済は、取引先事業者が倒産した際に、中小企業が連鎖倒産や経営難に陥ることを防ぐために、無担保・無保証人で、掛金の10倍まで借入れが可能とされている制度ですが、中小企業庁によれば、加入理由として税制上の優遇措置を受けるためとしている者が3割程度いるとされています。

また、解約手当金については、共済契約を自己都合で任意解約する場合であっても、次のように共済の掛金を40カ月以上納めていれば掛金全額が解約手当金として支給されることから、加入後3年目、4年目に解約する件数は、任意解約全体の3割を占めているとされています。

任意解約した場合の解約手当金

掛金を納付した月数	掛金総額に対する支給率
1～11カ月	0%
12～23カ月	80%
24～29カ月	85%
30～35カ月	90%
36～39カ月	95%
40カ月～	100%

社長 解約後、どれくらいの期間で再加入しているのでしょうか。

税理士 解約後2年未満で再度加入する者が多い状況にあり、

　　　　このような行動は本来の制度利用に基づくものではない
　　　と考えられているようです。
　　　　そこでこのような短期間の再加入については、掛金の
　　　損金算入を制限することとしたものです。

社長　　このような損金算入の制限措置はいつから適用になる
　　　のでしょうか。

税理士　令和6年10月1日以後の共済契約の解除について適用
　　　されます。ご説明した契約解除後の再加入による損金算
　　　入の制限の関係を図解にすると次のようになります。

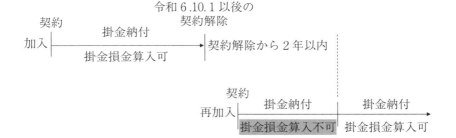

契約解除後の再加入による損金算入の制限

ポイント整理

　中小企業倒産防止共済の契約解除があった後に、再度共済契約を締結した場合には、その解除の日から同日以後2年を経過する日までの間に支出する共済の掛金は、特例が適用できないので損金に算入できない。

税務分野

17 税制優遇措置がある新NISAとiDeCoの活用

社長 NISA（ニーサ）やiDeCo（イデコ）が話題になっていますが、どのような制度なのでしょうか。

税理士 まず、NISAはイギリスのISA（イーサ）という制度をモデルにして、平成26年に創設されたもので、上場株式や投資信託などへの投資に税制優遇措置がある制度です。日本版ISAということでNISAという愛称が付けられました。

従来この制度にはNISA、つみたてNISA、ジュニアNISAの3つのタイプがありましたが、これらが改組され令和6年から新NISAとして恒久化されました。

社長 新NISAはどのような制度ですか。

税理士 新NISAは、18歳以上の者を対象にして、口座開設期間と非課税期間の制限がなくなり、年間投資上限額を120万円とする「つみたて投資枠」と年間投資上限額を240万円とする「成長投資枠」の2種類が設けられています。これら2つの枠は併用することもできます。

社長 上場株式等を売却したことで損失が出た場合はどのようになりますか。

税理士 非課税口座内で取得した上場株式等を売却して生じた

損失はないものとみなされます。このため、その上場株式等を売却したことにより生じた損失と、特定口座や一般口座で保有する上場株式等の配当や上場株式等を売却して生じた譲渡益との損益通算や繰越控除はできませんので注意が必要です。

社長　もう1つのiDeCoはどのような制度ですか。

税理士　iDeCoは個人型確定拠出年金の愛称で、公的年金（国民年金・厚生年金）とは別に給付が受けられる私的年金制度の1つです。具体的には、公的年金と異なり、加入は任意で、掛金の拠出や掛金の運用の全てを自身で行い、掛金とその運用益との合計額を基に給付を受け取ることができる制度です。

社長　iDeCoは誰でも加入できるのですか。

税理士　iDeCoの加入対象者は自営業者等の国民年金保険者や会社員等の厚生年金保険被保険者などとされています。社長は厚生年金保険被保険者に該当しますので、加入できるのではないでしょうか。

社長　iDeCoに加入するメリットとデメリットについて教えてください。

税理士　メリットとして、iDeCoの掛金は、所得税と住民税の計算上、小規模企業共済等掛金控除として全額所得控除の対象になります。また、掛金の運用中に生じる運用益は非課税となります。

そして、将来老齢給付金として年金を受け取る場合、その年金は雑所得に該当し、雑所得の計算上、年金の収入金額に応じて公的年金等控除が適用されます。一方、一時金として受け取る場合には、その一時金は退職所得に該当し、退職所得の計算上勤続年数に応じて退職所得控除が適用されます。したがって、いずれの場合にも一定の税の軽減効果が期待できます。

デメリットとして、年金の受給資格は原則として60歳に達した場合となりますが、60歳時点における加入期間が10年に満たない場合、例えば8年以上10年未満の加入の場合には、61歳が支給開始時期となるなど、支給時期が段階的に引き延ばされます。

ご説明した新NISAやiDeCoの概要を比較すると次のようになります。

新NISAとiDeCoの比較

項　目	新NISA			iDeCo		
	つみたて投資枠	併用可	成長投資枠			
対象者	18歳以上			20歳以上65歳未満		
投資対象商品	長期の積立分散投資に適した投資信託		上場株式、投資信託等	投資信託、保険商品、定期預金等		
年間投資上限額	120万円		240万円	自営業者等（国民年金加入）	81.6万円（6.8万円／月）	
				会社員（企業年金なし）	27.6万円（2.3万円／月）	
				公務員	14.4万円（1.2万円／月）	
非課税保有限度額（総枠）	1,800万円					
			1,200万円（内数）			
受け取り	いつでも引き出し可能			60歳以降（加入期間によって61歳以降）		
税制優遇措置	運用益が非課税					
				掛金	小規模企業共済等掛金控除	
				老齢給付金	年金で受取	公的年金等控除
					一時金で受取	退職所得控除

社長　新NISAもiDeCoもリスクが気になります。元本は保証されているのでしょうか。

税理士　新NISAもiDeCoも上場株式や投資信託等への投資になりますので、株価の変動によって元本割れをする可能性があります。ただし、iDeCoで元本確保商品を選択すればリスクを回避することができます。

社長　では、新NISAとiDeCoでは、どちらから始めればよいでしょうか。

税理士　一定の収入があって税負担があるのでしたら、その負担を軽減するためにiDeCoから始めることが考えられます。逆に収入はそれほどなくても、貯蓄があって当面使用する予定のない余裕資金があるのであれば新NISAから始めることが考えられます。

ポイント整理

　新NISAは、令和6年から18歳以上の者を対象にして、口座開設期間と非課税期間の制限がなくなり、年間投資上限額を120万円とする「つみたて投資枠」と年間投資上限額を240万円とする「成長投資枠」が開始した。これら2つの枠は併用することができる。

税務分野

18 暦年課税による生前贈与の加算対象期間等の見直しと相続時精算課税に係る基礎控除の創設

社長 令和6年1月から暦年課税と相続時精算課税の計算方法が変わったと聞きました。どのようになったのでしょうか。

税理士 まず、暦年課税では、相続前における贈与財産の加算対象期間が見直されました。具体的には、令和6年1月1日以後に贈与により取得する財産に係る相続税について、相続又は遺贈（※）により財産を取得した者が相続に係る被相続人から贈与により財産を取得したことがある場合に、相続税の課税価格に加算される生前贈与の加算対象期間が相続開始前7年以内に延長されました。

（※） 遺言の方法は、法務分野10「公正証書遺言と自筆証書遺言の違い」を参照。

社長 加算対象期間が3年以内から7年以内に延長されたことに伴い、相続税額の計算に当たり何らかの軽減措置はあるのでしょうか。

税理士 贈与財産のうち、相続開始前3年超7年以内に被相続人から贈与により取得した財産の価額については、総額100万円までは相続税の課税価格に加算されませんので、その分相続税額が軽減されます。

ご説明した暦年課税と相続税の関係を図解にすると次のようになります。

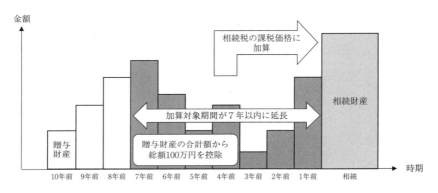

社長 　仮に令和6年8月1日に相続が開始した場合には、加算対象期間は相続開始前7年以内となるのでしょうか。

税理士 　加算対象期間については、経過措置によって段階的に増えることになります。

　具体的には、令和6年1月1日から令和8年12月31日までの間に相続又は遺贈により財産を取得する者については、相続の開始前3年以内に相続に係る被相続人から贈与により取得した財産が加算されます。

　そして令和9年1月1日から令和12年12月31日までの間に相続又は遺贈により財産を取得する者については、令和6年1月1日から相続の開始の日までの間に相続に

係る被相続人から贈与により取得した財産が加算されることになります。

社長 次に相続時精算課税はどのように変わったのでしょうか。

税理士 令和6年1月1日以後贈与により取得する財産について相続時精算課税制度を適用する場合、贈与を受けた年分ごとに110万円の基礎控除を適用することができるようになりました。

また、相続時精算課税で贈与を受けた土地・建物が災害により一定の被害を受けた場合には、相続時にその課税価格を再計算することになりました。

社長 110万円の基礎控除が創設されたようですが、この基礎控除と従来からある2,500万円の特別控除の関係はどのようになりますか。

税理士 基礎控除は特別控除とは別に適用できます。そうしますと、相続時精算課税による贈与税の計算方法は、贈与額から基礎控除110万円と特別控除額2,500万円を差し引いた金額に20％を乗じて計算することになります。

ただし、特別控除額は前年以前ですでに適用している場合は、それを控除した残額になりますので注意してください。

社長 同じ年に2人以上の贈与者から贈与を受けた場合、この基礎控除は人数分になるのですか。

税理士　複数の贈与者から贈与を受けた場合、例えば、贈与者が2人いた場合には基礎控除は2人分の220万円になるのでなく、基礎控除額をそれぞれの贈与額で按分した金額になります。

　具体例な計算方法をご説明しますと、例えば、贈与者が父と母であり、父から800万円と母から200万円の贈与を受けた場合の基礎控除は、それぞれの贈与額で按分した金額になりますので、父からの贈与に対する基礎控除額は88万円（110万×800万円／（800万円＋200万円））、同様に母からの贈与に対する基礎控除額は22万円（110万×200万円／（800万円＋200万円））となります。この場合の贈与税額の計算方法を図解にすると次のようになります。

相続精算課税における贈与税額の計算方法

ポイント整理

　暦年課税は、令和6年1月1日以後に贈与により取得する財産に係る相続税について、相続又は遺贈により財産を取得した者が相続に係る被相続人から贈与により財産を取得したことがある場合に、相続税の課税価格に加算される生前贈与の加算対象期間が相続開始前7年以内に延長された。

　相続時精算課税は、令和6年1月1日以後贈与により取得する財産について相続時精算課税制度を適用する場合、贈与額に毎年110万円の基礎控除を適用することができるようになるとともに、相続時精算課税で贈与を受けた土地・建物が災害により一定以上の被害を受けた場合には、相続時にその課税価格を再計算することになった。

税務分野

19 小規模企業共済の活用による税制優遇措置等の概要

社長　知人の社長から小規模企業共済の加入を勧められたのですが、どのような制度なのでしょうか。

税理士　小規模企業共済は独立行政法人中小企業基盤整備機構が運営する制度で、小規模企業の経営者や役員、そして個人事業主などのための積み立てによる退職金制度です。また、この制度には3つのメリットがあるとされています。

1点目は、共済の掛金が小規模共済等掛金控除として全額所得控除の対象になりますので、所得税や住民税の計算上節税効果があります。この掛金は月々1,000円から70,000円までで500円単位で自由に設定でき、加入後も増額や減額をすることが可能です。

2点目も税制上の措置になります。将来受け取る共済金の受け取り方法は、一括か分割かのいずれかを選択するか、又は一括と分割を併用することもできます。一括受け取りの場合は退職所得と扱われ、退職所得の計算上退職所得控除の適用があります。また、分割受け取りの場合は公的年金等の雑所得として扱われ、雑所得の計算上公的年金等控除の適用があります。受け取り方によっ

て違いはありますが、いずれの場合も節税効果があります。

　３点目は税制上の措置ではありませんが、契約者は掛金の範囲内で低金利による事業資金の貸付制度が利用できます。

社長　私が会社役員として小規模企業共済に加入する場合、何か制約はありますか。

税理士　会社役員として加入する場合には、その会社で常時使用する従業員数が何人かによって加入の可否が判断されます。例えば、建設業や製造業の場合は常時使用する従業員の数が20人以下の場合に加入でき、卸売業や小売業の場合は５人以下となります。このように事業内容によって基準となる人数が異なりますので注意が必要です。

　ただし、ここでいう常時使用する従業員の数は、共済加入時の人数要件となりますので、仮にその後従業員の数が増加して要件に該当しなくなったとしても、共済契約は続けられます。

　ご説明した営む事業の種類による従業員数をまとめると次のようになります。

事業の種類と従業員数

事 業 の 種 類	常時使用する従業員数
建設業、製造業、運輸業、不動産業、農業、サービス業（宿泊業、娯楽業に限る）等	20人以下
商業（卸売業・小売業）、サービス業（宿泊業、娯楽業を除く）	5人以下

社長 　常時使用する従業員の範囲はどのようになっていますか。

税理士 　従業員は役員、家族従業員、パート従業員等を除いた正社員として雇用されている方が対象です。

社長 　共済金の請求はいつでもできるのですか。

税理士 　共済金は会社が解散した場合など一定の場合に請求することができます。例えば、会社が解散や破産した場合には共済金Aが請求でき、疾病・負傷により役員を退任した場合や65歳以上で役員を退任した場合には共済金Bが請求できます。また、法人の解散や疾病・負傷によらず、65歳未満で役員を退任した場合には、準共済金が請求できます。

社長 　請求できる共済金の額に違いはありますか。

税理士 　請求できる共済金は、掛金の納付月数や共済金の種類によって異なります。例えば、掛金が月額10,000円で、掛金の納付年数が15年とした場合、掛金合計額は1,800,000円ですが、共済金Aとして請求する場合は

2,011,000円、共済金Ｂの場合は1,940,400円、そして準共済金の場合は1,800,000円となります。

ただし、共済金ＡとＢの場合、掛金納付月数が６カ月未満の場合は、請求することはできません。また、準共済金の場合は掛金納付月数が12カ月未満の場合は、請求することはできませんので注意が必要です。

社長 任意解約した場合はどのようになりますか。

税理士 任意解約した場合は解約手当金が請求できます。解約手当金は、掛金の納付月数に応じて、納付した掛金の80％から120％に相当する額となります。例えば、掛金が月額10,000円で、掛金の納付年数が15年とした場合、掛金合計額は1,800,000円ですが、この場合の解約手当金は1,665,000円となります。

ただし、解約手当金の場合も掛金納付月数が12カ月未満の場合は、請求することはできませんので注意が必要です。

ご説明した共済金等の種類と、月額10,000円の掛金を15年納付した場合において請求できる金額をまとめると次にようになります。

共済金等の種類と請求金額

共済金等の種類	請　求　事　由	共済金の請求金額 （月額10,000円、15年納付、掛金合計1,800,000円の場合）
共済金A	会社等が解散（破産）した場合	2,011,000円
共済金B	疾病・負傷により役員を退任した場合	1,940,400円
	65歳以上で役員を退任した場合	
	共済契約者の死亡	
	老齢給付（65歳以上で180カ月以上掛金を払込）	
準共済金	法人の解散や疾病負傷によらず65歳未満で役員を退任した場合	1,800,000円
解約手当金	任意解約	1,665,000円
	機構解約（掛金滞納による解約）	

ポイント整理

　小規模企業共済には、以下の3つにメリットがある。
① 共済の掛金が小規模共済等掛金控除として全額所得控除の対象になりますので、所得税や住民税の計算上節税効果がある。
② 将来受け取る共済金の受け取り方法は、一括か分割かのいずれかを選択するか、又は一括と分割を併用することもできる。
③ 契約者は掛金の範囲内で低金利による事業資金の貸付制度が利用できる。

税務分野

20 インボイス制度下における領収書の記載事項

社長　令和5年10月1日から始まった消費税のインボイス制度ですが、取引先から受け取る領収書によって記載内容が異なる場合があると聞きました。どのような点に違いがあるのでしょうか。

税理士　適格請求書保存方式、いわゆるインボイス制度下では、仕入税額控除を適用するためには、取引先から受け取った領収書などの適格請求書を保存する必要があります。適格請求書が領収書であるとした場合、記載が必要な事項としては次の6点が挙げられます。

① インボイス発行事業者の氏名又は名称及び登録番号
② 取引年月日
③ 取引内容（軽減税率対象商品である場合はその旨）
④ 税率ごとに区分して合計した対価の額（税抜又は税込）及び適用税率
⑤ 税率ごとに区分した消費税額等
⑥ 領収書の交付を受ける事業者の氏名又は名称

　ご説明した適格請求書としての領収書の記載イメージを図解にすると次のようになります。

領収書(適格請求書)のイメージ

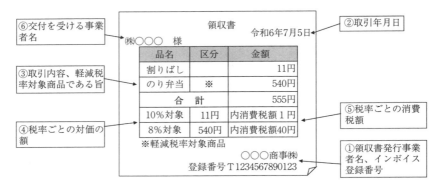

社長　スーパーマーケットで受け取る領収書は、このような記載ではないように思いますがいかがでしょうか。

税理士　スーパーマーケットのように不特定かつ多数の者に商品を販売するような事業者は、記載事項の一部が省略できる適格簡易請求書を発行することができます。適格簡易請求書が発行できる事業者は、小売業、飲食店業、タクシー業などです。

省略できるのは、先ほどご説明した6点の記載事項の内、⑥「領収書の交付を受ける事業者の氏名又は名称」になりますので、記載が必要な事項は次の5点になります。

① インボイス発行事業者の氏名又は名称及び登録番号
② 取引年月日
③ 取引内容(軽減税率対象商品である場合はその旨)

④　税率ごとに区分して合計した対価の額（税抜又は税込）及び適用税率

⑤　税率ごとに区分した消費税額等

　ご説明した適格簡易請求書としての領収書の記載イメージを図解にすると次のようになります。

領収書（適格簡易請求書）のイメージ

社長　　交付を受けた領収書に記載誤りがあった場合、どのような対応が必要ですか。

税理士　　適格請求書等の発行事業者に対して修正した適格請求書等の交付を求めることになりますので、交付を受けた者自らが追記や修正をすることはできません。

社長　　修正した適格請求書等の交付を求めることは、交付する側と交付を受ける側の双方にとって手間ではないでしょうか。

税理士　　原則的な取り扱いとしては自ら追記や修正をすること

はできないのですが、自ら修正するのみではなく、その修正した事項について適格請求書等を交付した側に確認を受けることで、その書類は適格請求書等として扱われることになります。

社長　相手に確認した内容は何か記載が必要なのでしょうか。

税理士　例えば、先ほどご説明した〇〇〇商事㈱発行の領収書において、軽減税率対象商品である旨の表示がなかったために、発行事業者に対し不足事項を追加することを確認したような場合には、「追加事項につき7月6日先方に確認済み」といった記載が考えられます。このように領収書を受け取った側で追記する場合の対応例を図解にすると次のようになります。

追記した領収書（適格請求書）のイメージ

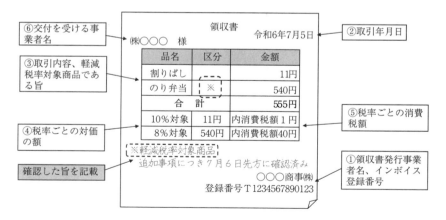

> **ポイント整理**
>
> 　適格請求書保存方式、いわゆるインボイス制度下では、仕入税額控除を適用するためには、取引先から受け取った領収書などの適格請求書を保存する必要がある。適格請求書が領収書であるとした場合、記載が必要な事項としては次の6点が挙げられる。
> ① 　インボイス発行事業者の氏名又は名称及び登録番号
> ② 　取引年月日
> ③ 　取引内容（軽減税率対象商品である場合はその旨）
> ④ 　税率ごとに区分して合計した対価の額（税抜又は税込）及び適用税率
> ⑤ 　税率ごとに区分した消費税額等
> ⑥ 　領収書の交付を受ける事業者の氏名又は名称

第 2 章

法務分野

法務分野

1 夫婦間における居住用不動産の贈与と所有権移転登記

社長 結婚して20年が過ぎたので、妻に、今住んでいるマンションの名義の一部を移転しようかと思っているのですが。

司法書士 20年ということは、贈与税の配偶者控除を使いたいと思われているのですね。そうであれば、同じ配偶者からの贈与については、一生に一度しか適用を受けることができません。適用に当たり必要な要件は次のようになりますが、事前に顧問税理士に確認してください。

贈与税の配偶者控除の適用を受けるための要件

1	夫婦の婚姻期間が20年を過ぎた後に贈与が行われたこと。
2	配偶者から贈与された財産が、居住用不動産（※）であること。
3	贈与を受けた年の翌年3月15日までに、贈与により取得した居住用不動産に、贈与を受けた者が現実に住んでおり、その後も引き続き住む見込みであること。
4	その配偶者からの贈与について、過去にこの規定の適用を受けていないこと。
5	この規定の適用を受ける旨を記載した贈与税の申告書を税務署長に提出していること。

（※）「居住用不動産」とは、専ら居住の用に供する土地もしくは土地の上に存する権利又は家屋で国内にあるものをいいます。

社長　分かりました。それで名義を移すのにどのような書類が必要ですか。

司法書士　必要書類としては、

① 贈与契約証書（登記原因証明情報）
② 社長がマンションを買った当時の権利証（又は登記識別情報）
③ 社長の印鑑証明書（発行後3カ月以内）
④ 奥様の住民票
⑤ 登記する年度の固定資産評価証明書（※）

を準備してください。

（※）　固定資産評価証明書とは、市区町村（東京23区は都税事務所）が発行する土地や建物などの固定資産の評価額を証明する書類です。

社長　現住所がマンションを買った当時と違うのですが。

司法書士　登記簿に記載されている社長の住所と現住所が相違している場合は、所有権移転登記の前提として所有権登記名義人住所変更登記（※）が必要ですので、登記簿上の住所と現住所までの履歴が全て載っている証明書（住民票又は戸籍の附票）を準備してください。

（※）　住所変更登記の手続きは、法務分野3「住所に変更があった場合の抵当権の抹消手続き」を参照。

社長　ところで、移転する持分はどのように算出すればよいですか。

司法書士　贈与税の財産評価においては、土地については路線価、

建物については固定資産税評価額によって評価されますので、それらをもとに算出すればよいでしょう。

社長 　路線価とは何ですか。

司法書士 　路線価とは、道路に面している土地の１平方メートル当たりの評価額のことを指します。路線価は、国税庁のホームページにある「路線価図・評価倍率表」で調べることができます。路線価図上にある評価したい土地を見つけ、その土地が面している道路の路線価を確認してください。路線価は１平方メートル当たりの価格を千円単位で表示しています。

　なお路線価図のイメージは次のようになります。

路線価図のイメージ

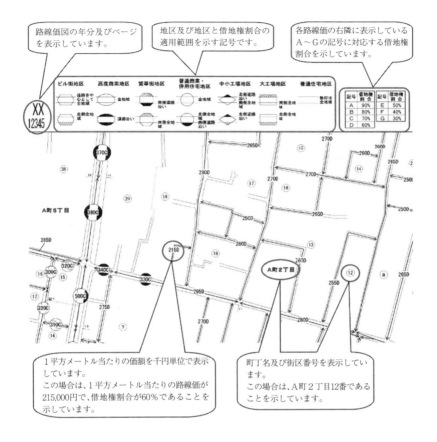

> **ポイント整理**
>
> 　贈与税の配偶者控除を使う場合、同じ配偶者からの贈与は一生に一度しか適用を受けることができない。配偶者に名義を移すのに必要な書類は以下の4点。
> ①　贈与契約証書（登記原因証明情報）
> ②　マンションを買った当時の権利証（又は登記識別情報）
> ③　印鑑証明書（発行後3ヵ月以内）
> ④　登記する年度の固定資産評価証明書

法務分野

2 相続登記の義務化により3年以内の登記が必要

社長 昔、父親が買った別荘を私が相続したのですが、父親の名義のままです。相続登記が義務化されたと聞きましたが問題はないでしょうか。

司法書士 令和6年4月1日に相続登記の申請が義務化されました。令和6年4月1日以降に相続が発生した不動産のみならず、すでに相続が発生している不動産についても3年の猶予はありますが、対象になりますので注意が必要です。相続登記の期限の概要をまとめると次のようになります。

相続登記手続きの期限の概要

	相続（遺言を含む。）により不動産を取得した相続人	遺産分割が協議により不動産を取得した相続人	早期に遺産分割協議をすることが困難な相続人
期限	その所有権の取得を知った日から3年以内	遺産分割協議が成立した日から3年以内	その所有権の取得を知った日から3年以内
種類	相続登記	相続登記	相続人申告登記（※）ただし、遺族分割協議が成立してから3年以内に相続登記が必要

（※）相続人申告登記は、戸籍などを提出して、自分が相続人であることを申告する簡易な手続きです。

社長 今までは義務ではなかったのですね。なぜ義務化されたのでしょうか。

司法書士 登記簿を見ても相続登記がされていないため、所有者が分からない「所有者不明土地」が全国で増加していて、周辺の環境悪化や公共工事の阻害などが社会問題になっているからです。

社長 登記をしないと罰則はありますか。

司法書士 正当な理由がない場合は10万円以下の過料の適用対象になります。

社長 相続登記にはどのような書類が必要ですか。

司法書士
① 被相続人の生まれてから亡くなるまでの戸籍謄本の全て
② 被相続人の本籍が記載された戸籍の附票(又は住民票の除票)
③ 相続人全員の戸籍謄本
④ 不動産を取得する相続人の住民票
⑤ 登記する年度の固定資産評価証明書(又は固定資産税課税明細書)

が必要になります。

社長 被相続人の戸籍謄本はいろいろな役所から取り寄せなければならないので大変そうですね。

司法書士 そうでもありません。令和6年3月1日から戸籍謄本等の広域交付というものが始まり、本籍地と違う最寄り

の市区町村窓口で戸籍謄本の取得が可能になりました。さらに、1カ所の市区町村窓口でまとめて請求することもできるようになりました。ただし、郵送や代理人による請求の場合は、本籍地の市区町村窓口に請求しなければなりませんので注意が必要です。

> ポイント整理
> 　令和6年4月1日に相続登記の申請が義務化された。令和6年4月1日以降に相続が発生した不動産のみならず、すでに相続が発生している不動産についても3年の猶予はあるが、対象になるので注意が必要。

法務分野

3 住所に変更があった場合の抵当権の抹消手続き

社長 　住宅ローンの返済が終わったのですが、担保を外す手続きは銀行側で対応してくれるのでしょうか。

司法書士 　担保を外す手続き、正式には抵当権の抹消手続きといいますが、借り手側で手続きをするのが慣習となっています。抵当権の抹消手続きには、抵当権抹消登記申請書と登録免許税の収入印紙のほか、銀行関係の書類が必要になります。銀行から送られてきた書類はありますか。

社長 　銀行からは登記済証（法務局の大きい判子が押された抵当権設定契約証書）、解除証書、委任状が送られてきました。

司法書士 　銀行関係の書類は揃っているようですね。
　次に、最新の登記簿謄本を見ますと、甲区に登録されている社長の住所が、現在の住所と違っていますね。抵当権を抹消する前提として、登記簿の住所と現在の住所を一致させる必要がありますので、一緒に所有権登記名義人住所変更登記を申請しなければなりません。
　住所は、登記簿に記載されているＡ市から、現在のＣ市に直接移転したのですか。

社長 　いいえ、Ｃ市に移転する前にＢ市にも住所があったの

で、住所の移転履歴はA市→B市→C市の順になります。

司法書士　ちなみに社長の本籍地はC市ですか。

社長　いいえ、D県E町です。

司法書士　所有権登記名義人の住所変更登記には、所有権登記名義人住所変更登記申請書とともに、全ての住所の履歴が載った証明書が必要になりますので、住民票の写し又は戸籍の附票を添付します。

　なお、住民票を添付する場合は、B市の住民票の除票と、C市での現在の住民票が必要になります。

　また、戸籍の附票を使用する場合にはA市、B市、C市の住所の移転履歴が載っていますので、1つの証明書で済みます。

社長　将来の話ですが、数年後に住所を移転する計画を立てています。その際は住所変更の手続きをする必要がありますか。

司法書士　はい、法律が改正されて令和8年4月1日に住所・氏名変更登記が義務化になりますので、それ以前に変更が生じている場合も、令和8年4月1日から2年以内に、また、それ以降に変更が生じた場合は変更があった日から2年以内に変更登記をしないと5万円以下の過料の対象になりますので注意が必要です。

　これまでの抵当権の抹消手続きの流れを図解にすると次のようになります。

住宅ローン完済に伴う抵当権の抹消手続き

```
┌─────────────────────────────────────┐
│           住宅ローン完済              │
└─────────────────────────────────────┘
```

┌─────────────────────────┐ ┌─────────────────────────┐
│ 登記簿に登録されている住所と │ │ 登記簿に登録されている住所と │
│   現在の住所が一致   │ │   現在の住所が不一致   │
└─────────────────────────┘ └─────────────────────────┘

┌───┐
│ 住所変更の手続き   │
│   1．所有権登記名義人住所変更登記申請書   │
│   2．登録免許税の収入印紙   │
│   3．住民票の写し又は戸籍の附票   │
│   │
│   ┌───────────────────────────────────────┐   │
│   │ 令和8年4月1日から住所・氏名変更登記   │   │
│   │ が義務化（登記を怠ると過料の対象）   │   │
│   └───────────────────────────────────────┘   │
└───┘

┌───┐
│ 抵当権の抹消手続き   │
│   1．抵当権抹消登記申請書   │
│   2．登録免許税の収入印紙   │
│   3．銀行関係書類（登記済証、解除証書、委任状）   │
└───┘

ポイント整理

　抵当権の抹消手続きは、借り手側の方で手続きするのが慣習となっている。抵当権の抹消手続きには、抵当権抹消登記申請書と登録免許税の収入印紙のほか、銀行関係の書類が必要になる。

法務分野

4 株式会社と合同会社の違いと会社設立手続き

社長 別会社を設立して業務拡大をしようと思いますが、株式会社、有限会社、合同会社のどれがよいですか。

司法書士 まず有限会社については、平成18年に会社法が施行された際に、有限会社法が廃止されましたので、新規で設立することができません（※）。

(※) 有限会社法が廃止される前に設立された有限会社は、株式会社として存続しますが、「特例有限会社」と呼ばれます。

社長 資本金は1,000万円以上必要ですか。

司法書士 いいえ、会社法施行前の商法時代は1,000万円以上の資本金が必要でしたが、現在は金額の制限はありません。

社長 役員は何名必要ですか。

司法書士 株式会社については、発起人1名、取締役1名以上が必要ですが、1人で設立する場合は、発起人と取締役を1人で兼任することになります。合同会社については、社員1名から設立できます。ちなみに社員とは、従業員のことではなく、出資者のことを指します。

社長 定款はどちらの会社も必要ですか。

司法書士 はい、株式会社も合同会社も定款を作成しなければなりません。株式会社については、公証役場で定款の認証

手続きを行わなければならないのに対し、合同会社では、そのような手続きは不要ですので、その分費用が安くなります。また設立登記の際の登録免許税の最低金額が、株式会社では15万円なのに対し、合同会社では6万円となっています。

　会社設立の流れを簡単にまとめると次のようになります。

会社設立までの流れ

```
┌─────────────────────────────┐
│        定款の作成            │
└─────────────────────────────┘
              ↓
┌─────────────────────────────┐
│ 公証役場において定款認証（株式会社の場合のみ） │
│   必要書類                    │
│     1．発起人の印鑑証明書      │
│     2．発起人の本人確認書類の写し │
│     3．実質的支配者となるべき者の申告書（※） │
└─────────────────────────────┘
              ↓
┌─────────────────────────────┐
│         出資の履行            │
│   出資金を発起人の銀行口座に入金 │
└─────────────────────────────┘
              ↓
┌─────────────────────────────┐
│ 管轄の法務局へ設立登記申請（この日が設立日） │
│ 登録免許税（株式会社15万円、合同会社6万円が必要） │
└─────────────────────────────┘
              ↓  1〜2週間後
┌─────────────────────────────┐
│ 法務局の審査完了後、履歴事項全部証明書、印鑑証明書が取得可能 │
└─────────────────────────────┘
```

（※） 実質的支配者となるべき者が、暴力団員及び国際テロリストに該当するか否かを公証人に申告するための書類。

社長 税務の面で合同会社と株式会社で違いはありますか。

司法書士 合同会社も株式会社と同様に普通法人として扱われますので、税務上の差異はありません。

社長 役員の任期に違いはありますか。

司法書士 株式会社は最長10年なのに対し、合同会社には任期はありません。

役員の任期を含め、株式会社と合同会社の違いをまとめると次のようになります。

株式会社と合同会社の違い

	株式会社	合同会社
役員の名称	取締役	業務執行社員
役員の任期	最長10年	任期なし
意思決定	株主総会	総社員の同意
所有と経営	原則分離	原則同一
資金調達	株式など資金調達方法に幅がある	株式発行ができない
利益配分	出資比率による	定款で自由に規定
決算公告	必要	不要

ポイント整理

　有限会社については、有限会社法が廃止されたので、新規で設立することができない。株式会社については、発起人1名、取締役1名が必要。合同会社については、社員1名から設立できる。合同会社も株式会社も普通法人として扱われるため税務上の差異はない。

法務分野

5 減資するために必要な債権者保護手続き等

社長 　税理士に「減資を検討してはどうか」とアドバイスされたのですが、減資について教えてください。

司法書士 　減資とは、資本金を減少させることで、企業の財務状況を改善するために行われることが多いです。赤字が続くと利益剰余金が減少し、配当可能利益が少なくなります。利益剰余金がマイナスになる財務状況では新たな出資を募るのが難しくなるため、配当可能な財源を捻出する必要があります。その際に活用されるのが減資です。

　なお、近年では、特に赤字ではないものの、企業の事業規模に資本が見合うように減資を行うこともあります。

社長 　税務上のメリットはありますか。

司法書士 　詳細については、税理士に確認していただきたいのですが、一般的には、資本金が1億円以下となった場合は、法人税法上、中小法人と扱われ、軽減税率の適用、交際費課税の緩和等にメリットがあります。また、法人事業税の外形標準課税に影響が出てきます。

　1億円以下に減資した場合に適用が考えられる税務上の措置は次のとおりです。

1億円以下に減資した場合に適用可能性がある税務上のメリット

税目	影響のある主な項目
法人税	法人税の税率軽減 中小企業向けの青色欠損金の繰越控除・繰戻還付 交際費課税の特例の適用 中小企業向け賃上げ促進税制（※1） 中小企業経営強化税制、中小企業投資促進税制 少額減価償却資産の特例（※2） 中小企業向け研究開発税制
法人事業税	税率が超過税率から標準税率に軽減される可能性 ※判定基準は自治体により異なる
法人住民税	法人税割の税率が、超過税率から標準税率に軽減される可能性 均等割の税額が減少（税額が1億円を境に変化する自治体の場合） ※判定基準は自治体により異なる

（※1） 税務分野1「中小企業向け賃上げ促進税制の適用要件と企業区分」参照。
（※2） 税務分野2「少額の減価償却資産に係る損金算入の取扱い」参照。

社長 減資の具体的な手続きを教えてください。

司法書士 基本的に株主総会での承認決議と債権者保護手続きが必要です。

社長 株主総会の決議は普通決議でよいのでしょうか。

司法書士 いいえ、減資は株主への影響が大きいため、原則として特別決議が必要です。特別決議は議決権を行使することができる株主の議決権の過半数を有する株主が出席し、出席した株主の議決権の3分の2以上の賛成が必要です。

社長 債権者保護手続きは具体的に何をするのでしょうか。

司法書士 債権者保護手続きは、官報への減資公告の掲載と、債

権者への個別の催告書の送付が必要です。もし債権者が多数いる場合は、事前に会社の公告方法を日刊新聞に変更して、官報と日刊新聞へダブルで減資公告を行えば、個別催告を省略することができます。

　ご説明した減資のスケジュールをまとめると次のようになります。

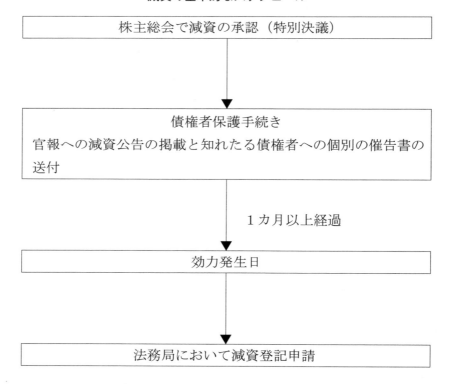

減資の基本的なスケジュール

株主総会で減資の承認（特別決議）

↓

債権者保護手続き
官報への減資公告の掲載と知れたる債権者への個別の催告書の送付

１カ月以上経過

↓

効力発生日

↓

法務局において減資登記申請

> **ポイント整理**
>
> 　減資とは、資本金を減少させること。減資は、企業の財務状況を改善するために行われることが多い。赤字が続くと利益剰余金が減少し、配当可能利益が少なくなるため、その際に活用されるのが減資。近年、特に赤字ではないものの、企業の事業規模に資本が見合うように減資を行うこともある。

法務分野

6 増資による経営支配権への影響と種類株式の発行

社長　会社に出資したい人がいます。外部から資金を提供してもらうという点では融資と同様だと思いますが、何か気を付けることはありますか。

司法書士　融資と出資で意味合いが違うので注意が必要です。融資は借りているだけですので、いずれは返済しなければなりません。他方、出資の場合は、返済は不要ですが、株主になってもらうことになります。

　返済不要の自己資金が増加することは、財務体質の強化や信用力の向上を図ることができますが、株主の持分割合を大きく変化させる可能性があるため、細心の注意が必要です。

社長　持分割合が変わるとどのような影響がありますか。

司法書士　例えば、増資によって持株比率が、現株主が40％、新株主が60％となった場合、株主総会では新株主が有する議決権数が過半数を占めることになります（※）。そうしますと、現株主の経営への支配権を失ってしまう可能性がありますので経営者自身の持株割合が薄まらないよう気を付けてください。

（※）　親会社の完全子会社となった場合の税務上の注意点は、税務分野3「完全子

法人株式に係る受取配当の益金不算入と源泉徴収不要の措置」を参照。

社長 増資による出資を受けたいけれども、会社の支配権を失いたくない場合、何か方策はないでしょうか。

司法書士 増資で発行する株式を普通株式ではなく、種類株式にすることが考えられます。

普通株式は株主総会における議決権の数や、剰余金の配当において、保有する株式の数に応じて同一で平等に設定されていますが、種類株式では、普通株式とは権利の内容を変えることができます。例えば、優先的に剰余金の配当を受ける権利を与えたり、議決権の行使を制限したりすることができます。

社長 議決権をなくすことも可能ですか。

司法書士 無議決権株式を発行することもできます。株主の中には、経営への関与には興味がなく、配当のみを期待している方がいますので、そのような株主に向けて発行されることがあります。ただし、このような無議決権株式を発行する場合には、剰余金の優先配当権を抱き合わせることが考えられます。

社長 種類株式の発行手続きを教えてください。

司法書士 定款に種類株式の内容と発行可能な種類株式の数が定められていないと種類株式を発行できませんので、最初に株主総会において定款の変更手続きが必要です。

社長 株主総会の決議は普通決議でよいのでしょうか。

司法書士　いいえ、定款の変更には特別決議が必要です。特別決議は、議決権を行使することができる株主の議決権の過半数を有する株主が出席し、出席した株主の議決権の3分の2以上の賛成が必要です。

　種類株式を発行する場合は定款変更が必要ですが、その定款変更後の増資手続きは普通株式の場合と同様です。

　基本的な増資の流れをまとめると次のようになります。

増資の流れ

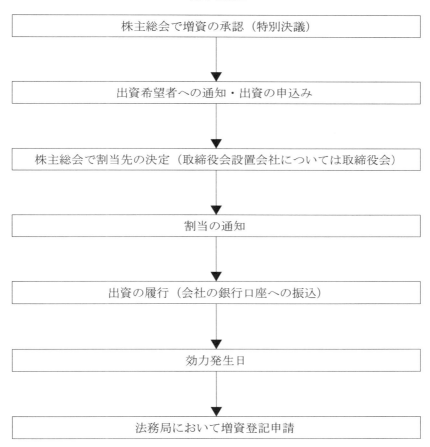

ポイント整理

　出資により返済不要の自己資金が増加することで、財務体制の強化や信用力の向上を図ることができるが、株主の持分割合を大きく変化させる可能性があるため細心の注意が必要。現株主の経営への支配権を失ってしまう可能性もある。経営者自身の持株割合が薄まらないよう留意する。

法務分野

7 役員変更の時期と役員登記懈怠によるみなし解散

社長 そろそろ役員の改選手続きの時期でしょうか。

司法書士 取締役の任期は、会社法で、選任後2年以内、監査役の任期は選任後4年以内に終了する事業年度のうち最終のものに関する定時株主総会の終結の時までとされています。なお、取締役の任期については、定款又は株主総会の決議によって、その任期を短縮することもできます。

また、公開会社ではない株式会社の取締役及び監査役の任期は、定款で定めることにより、選任後10年以内に終了する事業年度のうち最終のものに関する定時株主総会の終結の時まで伸長することもできますので、定款を確認してください。

社長 定款には「10年以内の最終の定時総会の終結をもって」となっていました。

司法書士 では今期がちょうど改選期になりますので、定時株主総会の際に役員改選の決議も行ってください。

社長 取締役、監査役の構成に変更がないのであれば登記の申請は必要ないですか。

司法書士 いいえ、任期満了により退任した役員が再び就任するということになり、役員の登記事項に変更が生じていま

すので、忘れずに役員変更の登記を申請してください。
再選された場合、登記簿には「重任」と表示されます。
ご説明した手続きをまとめると次のようになります。

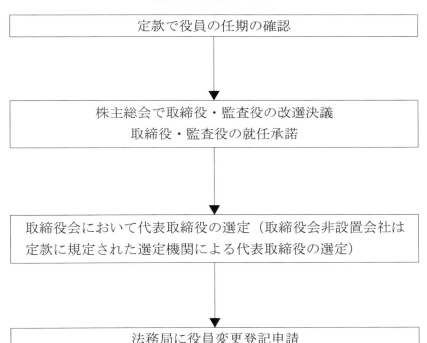

役員改選手続きの流れ

定款で役員の任期の確認

↓

株主総会で取締役・監査役の改選決議
取締役・監査役の就任承諾

↓

取締役会において代表取締役の選定（取締役会非設置会社は定款に規定された選定機関による代表取締役の選定）

↓

法務局に役員変更登記申請

社長　手続きを怠るとどうなりますか。

司法書士　手続きをせずにそのままにしておくと法務局の職権でみなし解散の登記がされます。

社長　会社は活動しているのに解散になるのですか。

司法書士 12年以上登記がされていない株式会社は休眠会社として整理の対象になります。具体的には、法務局から通知書の発送がされて、期限までに必要な登記申請又は「まだ事業を廃止していない」旨の届出をしないと職権で解散の登記がされてしまいます。

そこから通常営業に戻るには会社継続の決議と登記をしなければならず、費用が掛かりますし、期限に遅れて役員改選の登記を行うと裁判所から100万円以下の過料に処せられる可能性がありますので、注意が必要です。

「まだ事業を廃止していない」旨の届出をした場合であっても、必要な登記申請を行わない限り、翌年も「休眠会社・休眠一般法人の整理作業」の対象となりますので注意してください。

ポイント整理

取締役の任期は、会社法で、選任後2年以内、監査役の任期は選任後4年以内に終了する事業年度のうち最終のものに関する定時株主総会の終結の時まで。取締役の任期については、定款又は株主総会の決議によって、その任期を短縮することもできる。また、公開会社ではない株式会社の取締役及び監査役の任期は、定款で定めることにより、選任後10年以内に終了する事業年度のうち最終のものに関する定時株主総会の終結の時まで伸長することもできる。

法務分野

8 休眠会社の解散・清算手続き

社長 休眠中の子会社を清算しようかどうか迷っていますが、清算するメリットは何かありますか。

司法書士 休眠中で売上がなくても法人税等の税務申告は必要ですし、少なくとも法人住民税の均等割は納税しなければなりません。清算してしまえばそのような申告や納税が必要なくなります。また、役員の改選登記（※）もしなくて済みます。

（※） 役員変更登記の手続きは、法務分野7「役員変更の時期と役員登記懈怠によるみなし解散」を参照。

社長 清算手続きの流れを教えてください。

司法書士 まず株主総会で解散、清算人の選任決議を行い清算会社となります。そして2カ月間の債権者保護手続きを行って、その後、債務を全て清算し、最後に株主総会を開いて清算事務の報告を承認して清算結了となります。

社長 解散の決議は普通決議でよいのでしょうか。

司法書士 解散するには特別決議が必要です。特別決議は議決権を行使できる株主の議決権の過半数を有する株主が出席し、出席した株主の議決権の3分の2以上の賛成が必要です。

| 社長 | 特に清算するものがない場合は、すぐに手続きは終了となりますか。
| 司法書士 | いいえ、債権者保護手続きを行わなければならないので、解散後2カ月間は清算結了できないことになっています。

具体的な解散、決算手続きの流れについて、例えば解散決議を3月31日に行った場合のスケジュールをまとめると次のようになります。

解散・清算手続きの流れ

日程	株式会社の手続き
3月31日	株主総会の開催（解散、清算人選任） 官報公告の申込み
4月1日以降	解散・清算人選任、登記申請（2週間以内） 会社財産の調査 財産目録の作成 貸借対照表の作成 現務の結了、財産の換価 債権の取り立て 各機関への解散の届出
4月15日	官報に解散公告掲載 知れたる債権者へ個別催告
5月20日頃	株主総会の開催（解散時の財産目録及び貸借対照表の承認）
5月20日以降	税務署へ確定申告（解散後2カ月以内）
6月15日	債権者保護手続きの期間満了
6月16日以降	債務の弁済 残余財産の分配
6月30日	株主総会の開催（清算事務報告の承認）
6月30日以降	清算結了登記申請（2週間以内） 税務署へ確定申告、異動届の提出

法務分野　休眠会社の解散・清算手続き

ポイント整理

　休眠中の子会社は、休眠中で売上がなくても法人税等の税務申告は必要であり、少なくとも法人住民税の均等割は納税しなければならない。子会社を清算するメリットとして、そのような申告や納税が必要なくなり、また、役員の改選登記もしなくて済む。

法務分野

9　法定後見と任意後見の違い

社長　将来、認知症になったときのことが不安なので、あらかじめ準備しておきたいと思っていますが、どうしたらよいですか。

司法書士　成年後見制度というものがあります。成年後見制度には2通りありまして、法定後見と任意後見があります。

社長　法定後見は、どのような制度ですか。

司法書士　法定後見とは、本人の判断能力が低下してから親族等が家庭裁判所に申し立て、後見人が本人をサポートする制度です。

社長　どのような人が後見人になるのでしょうか。

司法書士　法定後見の場合、家庭裁判所が審判によって後見人を決定するため、誰が後見人になるか分かりません。

社長　身近な人に後見人になってもらうことはできないのでしょうか。

司法書士　身内の方が家庭裁判所に対し、後見人になって欲しい人を推薦することはできますが、必ずしもその人が後見人に選ばれるとは限りません。推薦した人が相当ではないと判断されたり、推薦がなかった場合は、第三者である弁護士や司法書士等が後見人に選任されます。

社長 もう1つの任意後見はどのような制度ですか。

司法書士 任意後見は本人の判断能力が低下したときに契約内容に従い、本人の財産管理を行う制度です。本人（委任者）が選んだ後見人（受任者）との間で任意後見契約を締結します。任意後見は法定後見と異なり、後見人の選任は契約によって行うことができます。

そのため、後見人になって欲しい人にあらかじめお願いをして契約を結んでおけば、その人に後見人になってもらうことができます。

社長 任意後見契約は認知症になってからでも締結できますか。

司法書士 任意後見契約は契約という法律行為であるため、その契約を締結するに当たって判断能力が必要になりますので、認知症等になってからでは遅いということになります。

したがいまして、将来の認知症対策のために任意後見を検討されている方は、判断能力があるうちに契約を締結しておかなければなりません。

ご説明した法定後見と任意後見の違いをまとめると次のようになります。

法務分野　法定後見と任意後見の違い

法定後見と任意後見の違い

	法定後見	任意後見
利用できる人 （判断能力が）	不十分な人（補助） 著しく不十分な人（保佐） ほぼない人（後見）	ある人
後見人の選任は	家庭裁判所	本人
後見の内容は	民法・家庭裁判所の審判による	本人との公正証書による契約による
後見人報酬は	家庭裁判所が決定する	契約で定める
監督	家庭裁判所（家庭裁判所の判断で監督人が選任される場合がある）	任意後見監督人

> **ポイント整理**
>
> 法定後見とは、本人の判断能力が低下してから親族等が家庭裁判所に申し立て、本人をサポートする制度。一方、任意後見は本人が選んだ後見人が、本人の判断能力が低下したときに契約内容に従い、本人の財産管理を行う制度。

法務分野

10 公正証書遺言と自筆証書遺言の違い

社長　「争族」という話を聞きます。私が死んだあと、相続（※）で揉めないよう、何かしら準備しておきたいのですが。

（※）　相続税等の注意点は、税務分野18「暦年課税による生前贈与の加算対象期間等の見直しと相続時精算課税に係る基礎控除の創設」を参照。

司法書士　遺言書を書いておいてはいかがでしょうか。

社長　自分で便箋とかに書けばよいのですか。

司法書士　遺言には2通りの方式がありまして、公証人に作成してもらう公正証書遺言と自分自身で作成する自筆証書遺言というものがあります。

社長　公正証書遺言はどのように進めていくのですか。

司法書士　遺言自体は公証人が作成してくれますので、社長は書きたい遺言の内容を公証人に相談してください。遺言書ができあがりましたら公証人が社長に読み聞かせを行い、間違いがなければその遺言書に署名捺印を行います。その際、証人が2人必要になりますが、適任者がいなければ、公証役場で準備してもらえます。

　なお、公証証書遺言の作成には所定の費用が掛かりますので注意してください。

社長 自筆証書遺言の方は手書きするのですか。

司法書士 はい、パソコンで作成することはできず全文を自筆で記載しなければなりません。

社長 自筆であれば自由に書いてよいのですか。

司法書士 作成上の要件としては、作成日の記載と署名押印が必要です。作成日については日付が特定できるように正確に記載する必要があります。例えば、「令和6年9月吉日」では日付が特定できず無効となりますので注意してください。

社長 財産の内容まで含めると長文になり、自筆するのは大変ですね。

司法書士 民法の一部が改正になり、財産目録についてはパソコンで作成したり、通帳のコピーを添付したりすることでもよいことになりました。また、不動産については登記事項証明書の添付も可能です。その場合は、その目録の全てのページに署名押印が必要です。

社長 自筆証書遺言は自宅で保管しておくのですか。

司法書士 自筆証書遺言にも2通りあって、自宅で保管しておくものと、法務局に保管してもらう方式があります。

社長 自宅で保管しておくと発見されなかったり、破かれたりしないでしょうか。

司法書士 もし心配であれば法務局で保管してもらってはいかがでしょうか。それに自宅に保管しておく方法だと、社長

が亡くなって相続が開始した際は、家庭裁判所で検認手続きというものをしなければならなくなりますので、法務局に保管しておく方法がよいかもしれませんね。

ご説明した遺言方法の違いによるメリットとデメリットをまとめると次のようになります。

各遺言方式のメリット・デメリット

	公正証書遺言	自筆証書遺言	自筆証書遺言保管制度
メリット	家庭裁判所における検認不要。公証人が作成に関与するため、有効性を担保することができる。	費用が掛からない。早く作成できる。	遺言書の紛失・亡失の恐れがない。相続人等の利害関係者による遺言書の破棄、隠匿、改ざん等を防ぐことができる。家庭裁判所における検認が不要。
デメリット	費用が掛かる。証人2名が必要。公証人と何度も打ち合わせをしなければならない。	死後、有効性が争われる可能性が高い。遺言書の紛失・亡失の恐れがある。遺言書の破棄、隠匿、改ざん等の恐れがある。家庭裁判所の検認が必要。	費用が掛かる。法務局に出向かなければならない。

> **ポイント整理**
>
> 　遺言書には、公証人に作成してもらう公正証書遺言、自分自身で作成する自筆証書遺言の2通りの方式がある。自筆証書遺言には、自宅で保管しておく方式と、法務局に保管しておく方式がある。

第3章

労務分野

労務分野

1 中小企業における就業規則作成のポイントと手順

社長 当社は現在、社員数7人です。社員が10人以上になると就業規則を作成しなければならないと聞きました。これまで特に問題もなかったので作成していなかったのですが、当社のような中小企業が就業規則を作成する場合に注意すべきポイントがあれば教えてください。

社労士 就業規則作成についての基本的なポイントは中小企業、大企業とも一緒です。就業規則を作成することは、職場のルールを明確にし、社員が気持ちよく働けるようにするためにとても大切ですので、仮に10人未満であっても、就業規則を作成することをお勧めいたします。なぜなら出退勤、休暇、服務や給与の問題などを明確にしておくことで、いざとなった時に就業規則があれば、すぐに解決することもできるからです。

就業規則は、快適な職場環境を整える上で最も重要かつ基礎となるツールと位置付けていただき、社員が安心して働けるベースとなるように整備する必要があります。

社長 とりあえず、Webサイトからひな形的な就業規則をダウンロードして使いたいと思っています。これでもよいでしょうか。

社労士 ひな形的なものをそのまま使っていくと自社の実態とかけ離れているということがよくあります。それでは自社の就業規則としての意味がありませんし、労務管理面のほか経営面で大きなリスクを抱えることにもなりかねません。実態に則した就業規則を作成することが大切です。

そこで、中小企業で就業規則を作成する際に見落としがちなポイントを5点ご紹介します。

① 採用時の提出書類のうち資格の証明書など特に重要なものについては偽造などを見分けるため原本を確認する旨を規定しておく。

② 営業、事務、商品開発など職種によって労働条件が異なる場合はそれぞれに応じた内容を記載する。

③ 個人情報を取り扱う場合の「情報管理」、「秘密保持」についての取り決め、情報を流出させた場合の罰則などについての規定を定めておく。

④ 定期健康診断やストレスチェック（社員が50人以上の場合）など安全衛生管理について規定しておく。場合によっては「安全衛生管理規程」や「ストレスチェック制度実施規程」として別規程を設ける。

⑤ 教育訓練や研修などへの参加はどこまでを業務扱いとするか、交通費や宿泊費の取り扱いはどうするかなども規定しておく。

その他にも法律によって定めておくべき項目があります。まずは社員が安心して働ける職場環境を整えることを念頭に項目を考えていきましょう。

社長　　きちんと定めておくことが会社と社員の両方を守ることにつながるのですね。ひな形的なものを使うのではなく、きちんと自社に合わせた就業規則の作成がいかに大切か分かりました。

　就業規則は作成すれば直ちに効力があるのですか。

社労士　御社は社員数が７人ですので就業規則の作成、労働基準監督署への提出の義務はありませんが、社員数が10人以上になった場合はその義務が発生します。作成した就業規則は、社員の代表（労働組合がある場合には組合の代表）の意見を聴いた上で、労働基準監督署に提出するとともに、社員に「周知」してはじめて効力が発生します。周知方法は、見やすい場所に掲示する、書面にして社員に配付する、職場のパソコンの共有フォルダーなどでいつでも見られる状態にしておくなどが考えられます。キャビネットなどにしまったまま、といったことがないようにしてください。

　ご説明した就業規則作成のポイントと手順を図解にすると次のようになります。

就業規則作成のポイントと手順

```
就業規則の作成における見落としがちなポイント
 1．採用時の提出書類に関して、重要な書類は原本確認
 2．職種に応じた労働条件を考慮
 3．個人情報や機密情報保護に関する項目
 4．健康診断など安全衛生に関する項目
 5．教育訓練・研修の受講や費用に関する項目
```

↓

社員代表の意見を聴取（社員数10人以上の場合）

↓

労働基準監督署に提出（社員数10人以上の場合）

↓

社員に周知

> **ポイント整理**
>
> 　就業規則を作成する目的は、職場のルールを明確にし、社員が気持ちよく働けるようにするため。社員が10人未満であっても就業規則を作成した方がよい。なぜなら出退勤、休暇、服務や給与の問題などが生じた時に、就業規則があればすぐに解決できるから。就業規則は、快適な職場環境を整える上で最も重要かつ基礎となるツール。

労務分野

2 労働条件の明示のタイミングと明示事項

社長 採用活動をしようと思っています。労働条件の明示はいつ行えばよいでしょうか。

社労士 募集時と労働契約締結時です。

まず、求人票で労働条件を提示し、求職者は条件を確認の上、応募するかどうかを決めます。

そして、応募があったら、選考を経て採用を決定することになりますが、採用後、改めて労働条件を提示します。これは、「あなたが承諾した上でこの条件で労働契約を結びますがよいですか」という最終確認です。そして、双方合意の上で労働契約を締結することになります。

社長 それぞれのタイミングで明示する内容に注意する点などありますか。

社労士 明示する内容については、令和6年4月より新たに募集時と労働契約締結時に明示すべき事項が追加されました。

まず、募集時の追加事項として
① 従事すべき業務内容の変更の範囲
② 就業場所の変更の範囲
③ 有期労働契約を更新する場合の基準に関する事項

（通算契約期間又は更新回数の上限を含む）があります。

もし、採用活動中に条件が変わったときには、選考中でも変更内容を速やかに通知しなければなりません。

次に、労働契約締結時の追加事項として

① 就業場所・業務内容の変更の範囲
② 有期労働契約の締結時と更新時に、更新上限の有無と内容
③ 無期転換ルールに基づく無期転換申込権が発生する契約の更新時に、無期転換申込機会及び無期転換後の労働条件

があります。

なお、②の更新上限の有無と内容に関して、更新上限を新設あるいは短縮しようとする場合、その理由をあらかじめ説明すること。また、③の無期転換申込機会及び無期転換後の労働条件については無期転換後の労働条件を決定するに当たり、他の正社員等とのバランスを考慮した事項の説明に努めることが必要です。

社長 なぜそのような措置がされたのでしょうか。

社労士 働き方改革の一環として、昨今の多様化するルールに対応するためです。

社長 のちのちのトラブルを避けるためにも募集時や労働契約締結時にきちんと労働条件を明示し、雇用契約を結ば

なくてはいけないということですね。

社労士　はい、その通りです。お互いに気持ちよく働けるよう、労働条件を最初にきちんと明示し、説明することが大切です。募集時と採用後で明示しなければならない事項を次の表にまとめました。

　労働条件の明示は、パートタイマーなど非正規の社員に対しても必要です。口頭ではなく、必ず、書面で明示をするようにしてください。また、厚生労働省のWebサイトで「モデル労働条件通知書」が紹介されていますので、参考にしてください。

労働条件の明示のタイミングと明示事項

募集時		労働契約締結時
・業務内容（変更後の業務内容も含む） ・契約期間 ・試用期間 ・就業場所（変更後の就業場所も含む） ・就業時間、時間外労働、休憩時間、休日 　裁量労働制を適用する場合、その旨 ・賃金（臨時の賃金、賞与を除く） 　→固定残業代がある場合、含み時間、含み時間を超えた場合の計算、固定残業代を除いた基本給額等 ・社会保険・労働保険の加入状況 ・募集者の氏名（名称） ・派遣労働者として雇用しようとする旨 ※全項目について書面明示が必要（求職者が希望すればEメール可）	絶対的明示事項（必ず明示する事項）	・契約期間 ・期間の定めのある労働契約の更新基準 ・就業場所、業務内容（変更後の場所と業務内容も明示） ・就業時間、時間外労働、休憩時間、休日、休暇・シフト・交替勤務 ・賃金の決定、計算及び支払方法、賃金の締切り及び支払の時期、昇給 ・退職（定年、解雇の事由等） ※絶対的明示事項については書面明示が必要。（賃金の決定、計算及び支払方法、賃金の締め切り及び支払いの時期、昇給のうち、昇給を除く）
	相対的明示事項（定めがあれば明示する事項）	・退職手当 ・臨時の賃金、賞与、最低賃金額 ・労働者負担（食費、作業用品等） ・安全衛生 ・職業訓練 ・災害補償、業務外の傷病扶助 ・表彰、制裁 ・休職

ポイント整理

　労働条件の明示のタイミングは、求人を出す時と採用後。まず、求人票で労働条件を提示し、求職者は条件を確認の上、応募するかどうかを決める。そして、応募があり、選考を経て採用を決定するが、採用後、改めて労働条件を提示する。これらの手続きを経て、双方合意の上で労働契約を締結する。

労務分野　労働条件の明示のタイミングと明示事項

労務分野

3 始業前準備や終業後の後片付け等の業務と労働時間

社長 現在、始業前の準備行為や終業後の後片付け等の業務については、実態として当然のこととして行われており、残業代は特に支払っていません。

　今回、労働基準監督署から指摘を受けたので見直したいと考えています。具体的にはどのように見直したらよいでしょうか。

社労士 始業時間前や終業時間後の業務については、従来から慣行として行われているものと個人が任意に判断して行われているものがあると思われます。業務内容を見直し、準備行為等として業務上必要かどうかをよく見極めることが大切です。

社長 業務上必要かどうかの線引きを明確にする、ということですね。具体的にはどうしたらよいでしょうか。

社労士 その業務が真に必要な業務であるのか、優先度や緊急度等を考慮し、業務として必要な行為である内容や範囲を定め、労働時間とするのか否かの基準を決めます。その上で、会社や上司からの指示で行うものであれば、労働時間とします。

社長 会社や上司からの指示はなく、業務上必要であると本

人が勝手に判断して業務を行っている場合も労働時間となりますか。

社労士　会社や上司の指示を得ないまま業務を行った場合であっても、それが業務上の必要性から慣習的に行われ、会社も黙認しているようであれば、「黙示の指示（指示がなくてもやることが当然となっていること）」となり労働時間としなければなりません。

　一方、業務上の必要性はなく、本人が勝手に判断して行った場合は、労働時間とする必要はないと考えられます。しかし、のちのトラブルに発展させないためにも、会社は、社員にその業務を行う際は最初に申告をさせ、会社や上司の承認を得るもの以外は労働時間と認めないとするなど、労働時間とするのか否かの基準を明確にし、事前に周知しておく必要があります。

社長　自主的な業務を労働時間とするのかそうでないのかは事前申告・承認などが有効なのですね。

社労士　始業前や終業後の業務などは、業務上の必要性の有無、会社や上司の指示の有無がポイントになります。始業前、終業後にかかわらず、時間外勤務を行う場合には申告と承認の流れを決めることや、次のように労働時間に該当するもの、該当しないものの基準を定め、運用することが大切です。

労働時間に該当するものと該当しないものの例

労働時間に該当するもの	労働時間に該当しないもの
・朝礼、仕事の引継ぎ、業務に関するミーティング ・始業前の準備、終業後の後片づけ ・業務上、着用が義務付けられている制服の更衣時間 ・手待ち時間 ・昼休憩時の電話当番 ・時間外労働の黙認 ・勉強会・研修 ・健康診断 ・帰宅後の呼び出し	・通勤 ・タイムカードの打刻 ・始業10分前の出勤を指示された場合でその後、始業まで特にやることがない場合 ・始業前のラジオ体操 ・休憩時間、始業・終業時刻の前後の自由時間 ・自発的な残業 ・持ち帰り残業 ・作業後の入浴 ・就業時間外の教育訓練 ・休日の接待ゴルフ ・出張の移動時間 ・自宅待機をさせた場合

ポイント整理

　始業時間前や終業時間後の業務については、従来から慣行として行われているものと個人が任意に判断したものがある。その業務の内容が本当に必要な業務であるのか、優先度や緊急度等を考慮し、業務として必要な行為である内容や範囲を定め、労働時間かそうでないのかの基準を決める。

労務分野

4 残業代の支払いが必要な管理職（管理監督者）の判定

社長 当社では、課長に役職手当を支払っていますが残業代は支払っていません。課長は管理職なので問題ないと思っていましたが、最近になって管理職に対する未払い残業代の話をよく聞きます。大丈夫でしょうか。

社労士 労働基準法に、労働時間・休憩や休日等に関する定めがありますが、この労働時間等について、監督もしくは管理の地位にある者（管理監督者）、又は機密の事務を取り扱う者については適用除外が設けられています。

この場合、労働基準法上の管理監督者であれば、労働時間規制の対象外となり、残業時間という概念や時間外の割増賃金の支払いの対象外となります。ただし、深夜労働に対する割増賃金の支払は必要です。

社長 管理監督者はどのように判定するのですか。

社労士 労働基準法上の管理監督者に該当するか否かは、役職や役職手当の支払によって判断するものではなく、あくまでも実態に基づいて判断されます。

行政解釈では、「一般に、（中略）管理監督者の範囲を決めるに当たっては、こうした職位や資格の名称にとらわれることなく、職務内容、責任と権限、勤務態様に着

目する必要がある」（昭和63・3・14基発150号）と示されており、労働基準法上の管理監督者に該当するには、具体的には次の要件を満たす必要があります。

① 労働時間、休憩、休日等に関する規制の枠を超えて活動せざるを得ない重要な職務内容を有していること。

② 労働時間、休憩、休日等に関する規制の枠を超えて活動せざるを得ない重要な責任と権限を有していること。

③ 現実の勤務態様も、労働時間等の規制になじまないような者であること。

④ 賃金等についてその地位にふさわしい待遇がなされていること。

社長 4つの要件について、具体的にはどのように考えればよいでしょうか。

社労士 1つ目の職務内容は、労働条件の決定その他労務管理について、経営者と一体的な立場にあり、労働時間等の規制の枠を超えて活動せざるを得ない重要な職務内容であるかどうか。

2つ目の責任と権限は、労働条件の決定その他労務管理について、経営者と一体的な立場にあり、労働時間等の規制の枠を超えて活動せざるを得ない重要な職務内容であるかどうか。

3つ目の労働時間は、出退勤等の勤務時間について裁量を有しているかどうか。

　4つ目の待遇は、その職務の重要性から給与、賞与、その他の待遇において、一般労働者よりもふさわしい待遇がなされているかどうかで判定します。

社長　そうしますと、課長が労働基準法でいう管理監督者に該当するかというと微妙なところですね。

社労士　経営上、管理職として課長という役職をつけていたとしても、4つの要件を満たしているのかという客観的な判断が必要です。

　課長は管理職であると思いがちですが、一般的に課長に、経営判断までの権限を委ねているということは考えにくいです。また、始業終業時刻等も自由裁量とまではいかない場合が多いと考えられます。管理職か否かを呼称だけで判断していることが多く見受けられますので注意が必要です。

社長　やはり課長にはきちんと残業代を支払った方がいいのでしょうか。

社労士　「名ばかり管理職」の待遇の問題がニュース等で取り上げられているように、管理職の適正な処遇について、社会的な関心が高まっています。「役職名」や「役職手当をつけているから」という理由だけでは、労働基準法で定められている労働時間規制の適用除外の管理職とは

ならず、残業時間に対する残業代の支払などが必要になる場合があります。実態に即して判断することが重要です。

　なお、労働基準法上の管理監督者に該当するか否かのチェック表は次のとおりです。チェックして1つでもNoがあると名ばかり管理職の可能性がありますので注意してください。

労働基準法上の管理監督者の判定

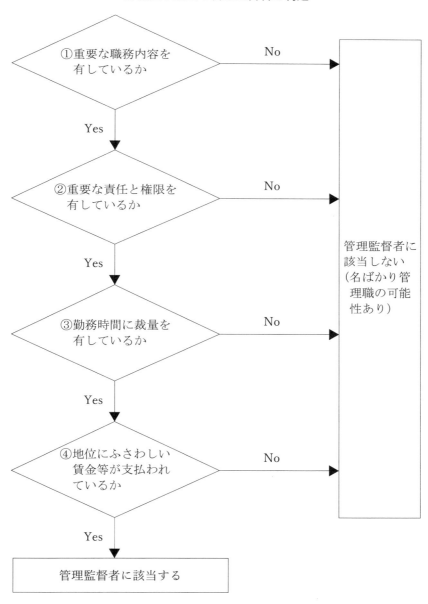

> **ポイント整理**
>
> 　労働基準法上の管理監督者であれば、労働時間規制の対象外となり、残業時間という概念や時間外の割増賃金の支払の対象外となる。しかし、この労働基準法上の管理監督者に該当するか否かは、役職や役職手当の支払によって判断するものではなく、あくまでも実態に基づいて判断される。

労務分野

5 パートタイマーから正社員になった場合の有給休暇付与日数

社長 令和3年1月1日付で週3日勤務で採用したパートタイマーが子育ても落ち着いたとのことで、正社員としての勤務を希望してきました。令和6年4月1日から週5日勤務の正社員として契約を変更し、勤務する予定です。

パートタイマーには勤務日数に応じて年次有給休暇を比例付与していましたが、正社員となった場合、有休はどのように付与すればよいでしょうか。

社労士 パートタイマーから正社員に契約が変更になった際の年次有給休暇の付与日数の計算は、「勤続年数」と「付与する日の契約の内容」で判断します。

具体的には次の表に沿って付与日数を計算します。

まず、勤続年数はパートタイマーとして採用した日から通算して考えますので、直近では勤続年数2.5年になる令和5年7月1日に6日付与します。令和6年4月1日に正社員に契約変更となりますが、その時点では、年次有給休暇の日数を付与し直す必要はありません。

パートタイマーの年次有給休暇の付与日数例

週所定労働日数	年間所定労働日数	勤続年数（年）					
		0.5	1.5	2.5	3.5	4.5	5.5	6.5年以上
4	169〜216	7	8	9	10	12	13	15
3	121〜168	5	6	6	8	9	10	11
2	73〜120	3	4	4	5	6	6	7
1	48〜72	1	2	2	2	3	3	3

（※）週所定労働日数が4日以下かつ週所定労働時間30時間未満

　次に勤続年数3.5年になる令和6年7月1日の付与する日の契約は正社員としての契約ですので、次の表に沿ってその時点で正社員の付与日数14日を付与することになります。

正社員の年次有給休暇の付与日数例

勤続年数	0.5	1.5	2.5	3.5	4.5	5.5	6.5年以上
付与日数	10	11	12	14	16	18	20

社長　勤務年数は正社員になった日から新たに計算するのではないのですね。

社労士　パートタイマーから正社員になった際、改めて勤続年数を0.5から計算して有休を付与する会社が見受けられますが、誤った付与になりますので注意してください。

社長　そうしますと、逆に正社員からパートタイマーになった場合も同様ですか。

社労士 　正社員からパートタイマーに契約変更になった場合も同じように勤続年数は通算され、付与する日の契約内容による付与日数となります。

　パートタイマーから正社員になった場合とその逆の場合における付与日数の計算の仕方をまとめると次のようになります。

週3日勤務のパートタイマーから正社員になった場合の有休日数

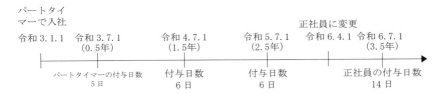

正社員から週3日勤務のパートタイマーになった場合の有休日数

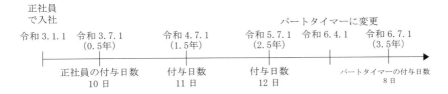

社長 　雇用形態が変わるときには注意が必要ということですね。

社労士 　有給付与時には「勤続年数の通算」と「勤務形態変更時の契約内容」に気を付けてください。

社長 　年次有給休暇には時効があるのでしょうか。

社労士 　年次有給休暇は付与された日から2年を経過すると時

効により消滅します。しかし、これは労働者の心身の健康を維持するための大切な制度ですので、会社として取得しやすい環境整備に努める必要があります。

> **ポイント整理**
>
> 　パートタイマーから正社員に契約が変更になった際の年次有給休暇の付与日数の計算は、「勤続年数」と「付与する日の契約の内容」で判断する。逆に正社員からパートタイマーになった際も同じように勤続年数は通算され、「付与する日の契約内容」による付与日数となる。

労務分野

6 退職時の手続きとトラブル回避のための注意点

社長 社員からいきなり「辞めます」と言われることがあり、困っています。次の採用や引継ぎがあるので、せめて1～2カ月前までには申し出てほしいのですが。社員の退職に関し、トラブル回避のために何に気を付けたらよいか教えてください。

社労士 急に辞められると本当に困りますよね。実は、正社員のような期間の定めのない雇用契約について、民法では、「退職の意思表示から2週間の経過でその効力が生じる」と規定されています。したがって退職日の2週間前までに「辞める」と言ってきた場合には、認めざるを得ないでしょう。しかし、業務の引継ぎや新たな採用に掛かる時間を考えると、もっと早く申し出てほしいところですね。

社長 早く申し出てもらうために、どのような対応が必要ですか。

社労士 就業規則等のルールを見直して、少なくとも退職予定日の1～2カ月前までには退職の意思表示をするよう、社員にも周知徹底を図ることが考えられます。機会を設けて、就業規則の説明会などを開くのもよいかもしれま

せん。

　なお、退職の申し出に関しては、「辞めさせてくれない」など退職そのものを認めない会社側の不適切な対応が時々問題になっていますので、注意が必要です。

社長　退職を認めることとなった場合どのような手続きが必要ですか。

社労士　退職が決まったら、次のことに注意しながら、準備を進めます。

- ・退職（願）届の受理
- ・退職日の決定
- ・退職者に対する必要な手続きの説明
- ・関係書類の準備
- ・退職金支給準備
- ・預かり物の返却と貸与物の回収

　また、退職後の対応としては

- ・社会保険、雇用保険、所得税・住民税の手続き
- ・源泉徴収票、離職票の交付

などがあります。退職の前後で必要な手続きを時系列でまとめると次のようになります。

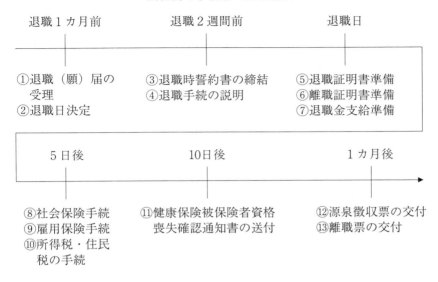

会社側の手続きの主な流れ

退職1カ月前	退職2週間前	退職日
①退職（願）届の受理 ②退職日決定	③退職時誓約書の締結 ④退職手続の説明	⑤退職証明書準備 ⑥離職証明書準備 ⑦退職金支給準備
5日後	10日後	1カ月後
⑧社会保険手続 ⑨雇用保険手続 ⑩所得税・住民税の手続	⑪健康保険被保険者資格喪失確認通知書の送付	⑫源泉徴収票の交付 ⑬離職票の交付

社長 トラブルを避けるために注意しておくことはありますか。

社労士 特に気を付けたいのが、次の4点です。

① 業務の引き継ぎと未消化の有給休暇の扱い

　退職予定の社員が未消化の有給休暇をまとめて取得する場合は、業務の引き継ぎが完了していることを確認してから休みに入るよう就業規則に規定し、周知しておきます。引き継ぎが終わっていない場合や、業務の都合等で一括取得が難しい場合には、有休の買い取りの検討や退職日をずらしてもらうなどの対応も考える必要があります。

② 退職理由の確認

自己都合なのか、会社都合なのか、しっかりと確認が必要です。離職票交付時にトラブルになる可能性がありますので、退職者の思い込みや、会社側の都合だけで判断することのないようにします。

③ 離職票の交付

雇用保険に加入していた場合、本人が不要と言わない限り、会社はできるだけ早く離職票を交付しなければなりません。故意に、あるいは退職者から何度催促されても交付しないなどということがないようにします。

④ 貸与物の回収など

会社から貸与しているもの（制服やロッカーの鍵など）がある場合には、期限を定め、回収漏れがないようにします。また、会社が本人から預かっているもの（年金手帳や雇用保険被保険者証など）がある場合には、退職日までに確実に返却します。

ポイント整理

退職日の2週間前までに「辞める」と言ってきた場合には認めざるを得ない。しかし、業務の引き継ぎや新たな採用にかかる時間を考えると、もっと早く申し出てほしいところ。そこで、就業規則等のルールを見直し、少なくとも退職日の1〜2カ月前までには退職の意思表示をするよう、社員にも周知徹底を図る。

労務分野

7 育児休業とは別枠の産後パパ育休（出生時育児休業）制度

社長 当社に「育児休業を取得したい」という男性社員がいます。令和4年10月より法律が改正されて男性が育児休業を取りやすくなったと聞きました。どのような制度なのでしょうか。

社労士 育児・介護休業法が改正され、令和4年10月に女性の産休（産後休業）に該当する「産後パパ育休（出生時育児休業）」が新設されました。これは子どもの出生日から8週間以内に、父親が最長4週間の育休が取得できる制度（2回まで分割取得も可能）です。この制度は子どもが1歳になるまで取得できる「育児休業」とは別に休業を取得できます。

社長 なぜこのような改正がされたのでしょうか。

社労士 産後パパ育休の目的は、今まで以上に男性が柔軟に育休を取得できるようにするためとされています。

産後パパ育休によって、男性の育休取得率が向上すると期待される理由は大きく2つあります。

1つ目は、職場に申し出る期限が休業に入る2週間前まで可能であることです。配偶者の体調に合わせて、よりタイムリーに休業に入ることができます。

2つ目は、初回の申し出の際にまとめて申請すれば、2回に分割して休業が取得できることです。配偶者の産後の体調回復の程度などに合わせて分割する休業の日数を自由に調整できます。

社長　分割せずにまとめて取得することはできるのですか。

社労士　もちろん、分割する必要がない場合は、一度に最長4週間の休業を取得することも可能です。産後パパ育休が新設されたことで、男性も産後の女性のサポートや子育てに柔軟に対応できるようになりました。

社長　保育園の関係で1歳以降も育休を延長したいという話を聞いたことがありますが。

社労士　保育園が見つからず1歳以降も延長して育休を取得する場合、開始日は子どもが1歳又は1歳半の時点に限定されていましたが、今回の法改正で、1歳以降の育休開始日が柔軟化され、夫婦交代で育休が取得できるようになりました。また、保育園の入園や女性の職場復帰などのタイミングも状況に応じて自由に選択することが可能となりました。

社長　さまざまな柔軟な制度ができて、男性も育児休業を取得しやすくなったのですね。社内でも、上司や同僚の育児休業制度に対する理解促進や、各個人が仕事の棚卸しをして日頃から仕事を共有する（属人化を防ぐ）など、いつでも育児休業を取得できる環境を整えることが大切

ですね。

社労士　はい、おっしゃる通りです。また、休業による収入ダウンを不安に感じる人も多いと思いますが、育児休業制度と産後パパ育休は共通して、一定の要件を満たしていれば、社会保険料の免除や出生時育児休業給付金の支給があることにも注意が必要です。

　育児・介護休業法改正のポイントをまとめると次のようになります。

労務分野

育児休業とは別枠の産後パパ育休（出生時育児休業）制度

令和4年10月の育児・介護休業法改正のポイント

制度名	産後パパ育休（育休とは別に取得可能）		育児休業制度			
			改正前		改正後	
対象期間、取得可能日数	子の出生時8週間以内に4週間まで取得可能		原則	子が1歳まで	原則	子が1歳まで
			特例	最長子が2歳まで	特例	最長子が2歳まで
申出期限	原則	休業の2週間前まで	（原則）1カ月前まで		（原則）1カ月前まで	
	特例	労使協定で定めた場合（※）、休業の1カ月前まで				
分割取得	分割して2回まで取得可能（初めにまとめて申し出ることが必要）		（原則）分割不可		分割して2回取得可能（取得の際にそれぞれ申出）	
休業中の就業	労使協定を締結している場合に限り労働者が合意した範囲内で休業中に就業することが可能		原則	就業不可	原則	就業不可
			特例	臨時的・一時的なものに限る	特例	臨時的・一時的なものに限る
1歳以降の延長	—		育休開始日は1歳、1歳半の時点に限定		育児開始日を柔軟化	
1歳以降の再取得	—		再取得不可		特別な事情がある場合に限り、再取得可能	

（※） 労使協定に次の2点を定める場合に限り、今まで通り育休申出を1カ月前までにすることができる。
・雇用環境の整備等の措置の内容（法律上の義務である雇用環境整備措置を上回る措置）
・産後パパ育休の申出期限（2週間を超え、1カ月以内に限る）
〈令和5年4月の育児・介護休業法改正ポイント〉
・育児休業等の取得状況の公表の義務化（常時雇用労働者数1,000人超）

参照：厚生労働省（令和4年）「その時のために知っておこう育児休業制度」

> **ポイント整理**
>
> 「産後パパ育休」は、子どもの出生日から8週間以内に、最長4週間の育休をとれる制度（2回まで分割取得も可能）。この制度は子どもが1歳になるまで取得できる「育児休業」とは別に休業を取得できる。

労務分野

8 職場におけるパワーハラスメントの類型と防止策

社長 職場環境を良くするには、ハラスメント対策は必須であると考えています。職場のパワーハラスメント、いわゆるパワハラとは何か、また、その対応とパワハラから生じる法的問題を防ぐために、具体的に何から始めたらよいか教えてください。

社労士 令和4年4月に、改正労働施策総合推進法、いわゆる「パワハラ防止法」が成立し、中小企業を含む全ての企業に対し、職場のパワハラについて防止するための措置を講じる義務が課されました。これによって職場のハラスメント防止に向けた使用者及び労働者の責務が例外なく発生します。パワハラの他、セクシャルハラスメント、妊娠・出産等ハラスメントについても防止措置を講じる必要があります。

それに加えて、性的指向・性自認に関する差別的な言動を行うことも、パワハラに該当することになりましたので注意が必要です。

社長 どのような場合にパワハラに該当するのでしょうか。

社労士 職場のパワハラとは、次の3つの要素を全て満たしたものとされます。

① 職場において行われる
② 優越的な関係を背景とした言動
③ 業務上必要かつ相当な範囲を越えたものであること

なお、パワハラは、上司から部下へのいじめ・嫌がらせだけではなく、先輩・後輩間や同僚間、さらには部下から上司に対して行われるものもあります。職場内での優越的な関係とは、職務上の地位に限らず、人間関係や専門知識、経験などさまざまです。

社長 具体的なパワハラ行為にはどのようなものがありますか。

社労士 職場のパワハラ行為には、主に次のような6類型があります。

職場におけるパワハラ行為

類型	内容
① 身体的な攻撃	蹴ったり、殴ったり、体に危害を加える
② 精神的な攻撃	侮辱、暴言など精神的な攻撃を加える
③ 人間関係からの切り離し	仲間外れや無視など個人を疎外する
④ 過大な要求	能力以上の遂行不可能な業務を押し付け
⑤ 過小な要求	能力以下の仕事を押し付ける
⑥ 個の侵害	個人のプライバシーを侵害する

社長 いろいろな種類がありますが、ハラスメントはこのどれか1つというよりは、同時にいくつもが重なって当てはまりそうですね。

社労士 はい、その通りです。そして、パワハラは受けた当人だけでなく、パワハラの行為者を含め会社にとってもダメージが大きいですし、法的問題にもつながります。法的問題から生じる責任として、

　① 刑事責任（傷害罪、脅迫罪など）

　② 民事責任（不法行為による損害賠償など）

　③ 業務上災害（職場ストレスによる精神障害の労災認定など）

が挙げられ、加害者である行為者とその使用者である会

社にも法的責任が生じることがあります。

社長　パワハラを防止するために会社としてすべきことは何でしょうか。

社労士　パワハラを防ぐために、会社は次の2点の対応が義務付けられています。

① 労働者からの相談に応じ、適切に対応するために必要な体制の整備

② その他の雇用管理上必要な措置

また、パワハラを受けて相談した社員はもちろん、相談対応に協力した社員に対して、解雇その他不利益な取り扱いをしてはならないとされています。

職場の円滑な人間関係を保つために、ハラスメントに関する社員教育を行い、ハラスメント防止に関する意識を高めることが大切です。

社長　パワハラに該当するのか否か判断が難しい場合があるのではないでしょうか。

社労士　ハラスメントに関する意識が高まると、ハラスメントとは言いきれない指導、いわゆるグレーゾーンもそれに当たるのではないか、という声が上がることがあります。業務上の適正な範囲で指導等が行われている場合にはパワハラには当たりませんが、職場のハラスメントの具体例や考え方を明確にすることが、このような誤解を避けることになります。

繰り返しになりますが、職場のパワハラは、個々の社員、部署、会社全体、取引先を含めた周辺にも悪影響を及ぼします。今後は、職場全体でパワハラについて理解を深め、風通しの良い職場環境を整えましょう。

社長 今後、職場環境を整えていくために、会社としてまずどのような対応が必要でしょうか。

社労士 職場のパワハラの未然防止、早期発見・解決のために相談窓口の整備は重要です。プライバシーを確保することはもちろん、守秘義務が守られ、いかなる不利益な取り扱いも受けない、安心できる相談窓口の設置を検討してみてはいかがでしょうか。

なお、相談窓口は内部に設置する場合と外部に設置する場合があります。具体的な設置例は次のとおりです。

パワハラ相談窓口の設置例

内部相談窓口の設置	外部相談窓口の設置
・管理職や社員をパワーハラスメント相談員として選任して相談対応 ・人事労務担当部門 ・コンプライアンス担当部門、監査部門、人権（啓発）部門、法務部門 ・社内の診察機関、産業医、カウンセラー ・労働組合	・弁護士や社会保険労務士の事務所 ・ハラスメント対策のコンサルティング会社 ・メンタルヘルス、健康相談、ハラスメントの相談窓口の代行を専門に行っている会社

> **ポイント整理**
>
> 職場のパワハラの未然防止、早期発見・解決のために相談窓口の整備は重要。プライバシーが確保され、守秘義務が守られ、いかなる不利益な取り扱いも受けない、安心して相談できる相談窓口の設置を検討する。

労務分野

9 副業・兼業に係る労働時間の管理と認める場合の注意点

社長 最近、社員の中から副業・兼業（※）の話題が出ることが多くなってきています。会社としても情報を収集し、最低限の制度構築が必要ではないかと考えていますが、そもそも法的には副業・兼業を認める必要があるのでしょうか。

（※） 副業とは本業と関係のない仕事、本業を中核に据えつつ空き時間に行う仕事のこと。
　　兼業とは本業と関係のある仕事、本業と並列にあるいは同等の水準で行う仕事のこと。

社労士 最近はインターネットでものを売るとか、フリーランスのマッチングサービスなども普及してきていますから、副業を見つけることも比較的簡単になってきています。それだけに、自社では副業が認められるのだろうかと考える社員が出てくるのは、ある意味当然なのかもしれません。

　副業・兼業に関して、社員が勤務時間以外の時間をどのように利用するかは、基本的には社員の自由であるという考え方が数々の裁判例でも示されています。つまり、原則的には副業・兼業は法的に問題はないということになります。ただし、副業・兼業を認めた結果、本業の方

に支障が生じたりすることもあり得ますので、次のような事由に該当する場合には例外的に禁止できることになっています。

① 労務提供上の支障がある場合
② 企業秘密が漏えいする場合
③ 会社の名誉や信用を損なう行為や、信頼関係を破壊する行為がある場合
④ 競業により企業の利益を害する場合

社長　原則認めてもよいが、例外として制限できる場合があるということですね。

社労士　その通りです。裁判で副業が認められた例として、副業の頻度が少ない、本業への支障など職務専念義務違反の程度が低い、信頼関係の破壊の可能性がないといったことが挙げられます。

反対に副業が認められなかった例として、本業への支障の可能性が高いことや、競業により利益を害する恐れがある場合などが挙げられます。

社長　裁判例などを参考に、副業・兼業の制度の導入を検討する必要がありそうですね。

社労士　基本的にはそうだと思います。ただ、現実には勤務時間の通算の問題など、さまざまな課題がありますので、副業・兼業を制度として導入する場合には慎重な検討が必要です。

社長 副業・兼業の場合の契約形態としてはどのようなものがありますか。

社労士 契約形態は大きく分けて雇用契約と業務委託契約（請負など）があります。

社長 雇用契約と業務委託契約の違いは何ですか。

社労士 大きな違いは、雇用契約の場合には、会社からの具体的な指示命令に基づいて仕事をするのに対し、業務委託については会社の指揮命令下には入らず、仕事の完成（請負）や業務の処理（準委任）を行うということです。ここで実務上問題になるのが、雇用契約の場合には、労働時間の通算ルールというものがあるということです。

労働基準法では、別の事業主の事業所で働いたとしても勤務時間は通算するというルールがあります。

例えば、御社の正社員が平日昼間8時間のフルタイム勤務をした後、居酒屋で4時間アルバイトをしたとします。この場合、御社と居酒屋の労働時間は通算され、12時間勤務したこととなり、アルバイトの4時間はすべて時間外労働になります。

社長 副業先の居酒屋で2割5分増しの賃金を支払う必要があるということですね。そうしますと、なかなか副業者を雇用することはできないですね。

社労士 通算することによってその勤務時間の管理を行う必要もありますし、過重労働の問題もあります。したがって

雇用契約で副業・兼業を行うのは、なかなか課題が大きいということになります。実際の副業・兼業の事例をみると、雇用契約では認めず、業務委託契約のみ認めているという会社も少なくありません。

社長　今後、副業・兼業を認める場合、どのような対応が必要ですか。

社労士　副業・兼業を認める際には、社員からの申告を受け、その内容を確認した上で、許可を出すという仕組みにすることが必要です。

　具体的にはまず就業規則を改定し、副業・兼業の許可基準の整備をする必要があります。その上で、実際に社員から副業・兼業の申告があった場合には、その内容を確認し、許可するに当たっての条件の合意を取り付け、副業・兼業に関する合意書や誓約書を作成し、明示します。

　明示事項として、許可する業務の内容・期間、競業避止、秘密保持義務、労働時間管理などがあります。ご説明した副業・兼業を承認するまでの手順をまとめると次のようになります。

副業・兼業を承認するまでの流れ

┌───┐
│ ①　就業規則の改定、許可基準の整備 │
└───┘
　　　　　　　　　　↓
┌───┐
│ ②　社員から副業・兼業の申告 │
└───┘
　　　　　　　　　　↓
┌───┐
│ ③　申告内容の確認。契約形態の確認。許可するに当たっての条件を定め、副業・兼業に関する合意書・誓約書の作成
（許可する業務の内容・期間、競業避止、秘密保持義務、労働時間管理などのルールの明示） │
└───┘
　　　　　　　　　　↓
┌───┐
│ （雇用契約の場合）
・労働時間の把握管理（労働時間の通算）
・健康管理の仕組みを構築 │
└───┘

ポイント整理

　副業・兼業に関しては、労働者が労働時間以外の時間をどのように利用するかは、基本的には労働者の自由であり、原則的には副業・兼業はOK。ただし、本業に支障が生じたりすることもあり得るので、以下の事由に該当する場合には例外的に禁止できる。
① 労務提供上の支障がある場合
② 企業秘密が漏えいする場合
③ 会社の名誉や信用を損なう行為や、信頼関係を破壊する行為がある場合
④ 競業により、企業の利益を害する場合

労務分野

10 問題社員を解雇する場合の手順とトラブル回避のための注意点

社長 社内に、遅刻や無断欠勤を繰り返す、勤務中にネットサーフィンや私用電話をする、言われたことがきちんとできない、注意しても反発してくるという問題社員がいて困っています。再三注意していますが、改善が見られないため、もう辞めてもらいたいと考えています。辞めてもらうに当たって、トラブルはなるべく避けたいので、注意すべき点やポイントを教えてください。

社労士 それは困りましたね。できれば合意退職してもらいたいところです。それが難しければ、解雇はやむを得ないというところなのですが、社員を解雇する場合、次のように大きく5点の手順を踏む必要があります。

1点目は注意・指導した記録や事績です。問題とされている行為について、まずは注意・指導し、それが改善できるよう教育をします。一度で直らないようであれば、数度にわたって根気よく続けることも重要です。いつ、どのような注意・指導をしたのか、それを受けて本人がどのような反応・態度を見せたのかを業務報告書等に記録しておきます。

2点目は書面での警告と懲戒処分を検討します。注意

や指導をしても改善が見られない場合には、「指導書」などの文書を交付し、社員からも「反省文」や「始末書」などを提出させます。回数を重ねる場合は、就業規則上の懲戒処分も検討します。

3点目は就業規則等の根拠の確認です。問題とされている行為が就業規則上の解雇事由に該当するかどうかの確認が必要です。

社長 就業規則がない会社の場合はどうすればよいですか。

社労士 就業規則の作成義務がない会社（社員が常時10人未満の会社など）でも、労働契約に基づくものとして普通解雇（病気やケガによる労働能力の喪失や勤怠不良によるものなど）することは可能です。ただし、その場合でも、客観的に合理的な理由がなく、社会通念上相当でない解雇は、解雇権の濫用とみなされ、解雇無効となりますので注意が必要です。

4点目は解雇予告と解雇予告手当の検討です。解雇する場合、解雇日の30日以上前に解雇予告をするか、即日解雇の場合は30日分以上の平均賃金（解雇予告手当）を支払う必要があります。予告日は、平均賃金を支払うことでその日数分だけ短縮することができます。

社長 短期間の条件で雇用している者も解雇予告は必要ですか。

社労士 試用期間中で入社から14日以内の者や2カ月以内の期

間を定めて雇用した者などに対しては、解雇予告や解雇予告手当の支払をしなくてもよいことになっています。

社長　重大な過失が原因で解雇する場合も解雇予告は不要ですか。

社労士　本人の過失や故意によって引き起こされた重大な責任による解雇（重責解雇、懲戒解雇）の場合は、労働基準監督署長の認定を受けて、解雇予告なく解雇することができますが、認定が下りるまでには一定の時間がかかりますので注意してください。

　最後の5点目は解雇制限期間中ではないことの確認です。仕事が原因の怪我や病気で休業している期間とその後30日間、また、産前産後の休業期間中及びその後30日間は解雇することができません。対象社員が解雇制限期間中でないことを確認します。

社長　数々の手順を踏まなければいけないのですね。やはり、解雇のハードルはかなり高いですね。

社労士　解雇をする場合は、いきなり通告するのではなく、注意喚起や書面での警告を行うと同時に、改善のための指導教育を積み重ねることが不可欠です。それでもやむを得ず解雇をする場合は、就業規則等の根拠の確認と30日以上前の解雇予告か30日分の解雇予告手当の支払が必要になってきますので、きちんと手続きをとるようにしましょう。

ご説明した問題社員への対応の手順をまとめると次のようになります。

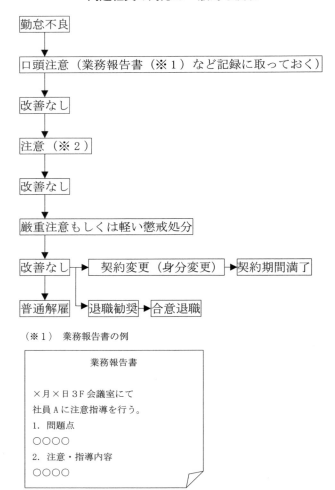

問題社員の対応の一般的な流れ

勤怠不良
↓
口頭注意（業務報告書（※1）など記録に取っておく）
↓
改善なし
↓
注意（※2）
↓
改善なし
↓
厳重注意もしくは軽い懲戒処分
↓
改善なし → 契約変更（身分変更）→ 契約期間満了
↓
普通解雇 → 退職勧奨 → 合意退職

（※1）　業務報告書の例

```
業務報告書

×月×日3F会議室にて
社員Aに注意指導を行う。
1．問題点
　○○○○
2．注意・指導内容
　○○○○
```

（※2）　注意に当たっては就業規則等の根拠規定を確認

> **ポイント整理**
>
> 　社員を解雇する場合は、いきなり通告するのではなく、注意喚起や書面での警告を行うと同時に、改善のための指導教育を積み重ねることが不可欠。それでもやむを得ず解雇をする場合は、就業規則等の根拠の確認と30日以上前の解雇予告か30日分の解雇予告手当の支払が必要。

労務分野　問題社員を解雇する場合の手順とトラブル回避のための注意点

第 4 章

許認可分野

許認可分野

1 請負金額の範囲と軽微な工事に係る建設業許可の要否

社長 当社の製造部門では、製造した工作機械を取引先の倉庫や工場に納品する、いわゆる車上渡しを通常の取引形態としています。先日、ある取引先から、工場内に運搬して指定の場所に設置して欲しいとの要望がありました。当社としても、運搬と設置に係る売上の増加が見込めますので、今後も積極的に取り扱いたいと考えています。

ただ、その取引先から当社が建設業の許可を受けているか否かの問い合わせがありました。確かに、機械を床面に固定したりするのであれば、建設工事の作業のようにも考えられますが、当社は製造業です。建設業の許可は不要だと考えていますがいかがでしょうか。

行政書士 御社製造の工作機械を取引先の工場に運んで設置するとのことですが、設置には、機械を組み立てて床面に固定する作業や配線等が含まれることになるでしょうから、これは建設業法に規定する建設工事に該当すると考えられます。そうしますと建設業の許可を受ける必要があります。

社長 機械を設置するだけでも必要なのですか。建設工事にはどのような種類があるのでしょうか。

行政書士 建設業法では、2種類の一式工事と27種類の専門工事の合計29種類の建設工事が示されています。具体的には、一式工事として土木一式工事と建築一式工事、専門工事としてはとび・土工・コンクリート工事のほか、機械器具設置工事や解体工事などがありますので、この建設工事の種類ごとに許可を受ける必要があります。

　ご質問のケースでは、専門工事の1つとして、機械器具設置工事に該当する可能性が考えられます。許可を受けないで建設業を営んだ場合は、罰則の規定がありますので注意してください。

社長 許可が必要な工事には、金額基準のようなものはないのでしょうか。例えば、請負金額が100万円に満たないような少額なものであっても許可が必要なのでしょうか。

行政書士 いわゆる「軽微な工事」に該当すれば許可は不要です。この軽微な工事の範囲につきましては、2つ示されています。1つは、建築一式工事の場合、工事1件の請負金額が1,500万円に満たない工事又は延べ面積が150㎡に満たない木造住宅工事が該当します。もう1つは、建築一式工事以外の建設工事の場合で請負代金の額が500万円未満の工事とされています。

社長 当社の場合、建築一式工事以外の建設工事に該当するとして、この取引先からは工作機械本体の代金と運搬・設置代金を合計した金額で請け負うことになりますが、

運搬・設置代金のみの金額で判断してよいのでしょうか。

行政書士 　許可の要否を判断する請負金額につきましては、注文者が材料を提供する場合においては、その提供された材料の市場価格又は、市場価格と運送費を請負契約上の請負代金の額に加えた額とされています。この考え方によれば、御社の場合は、工作機械本体の代金と運搬・設置代金を合計した金額で判断することになります。

社長 　請負金額は工作機械本体の代金と運搬・設置代金にそれぞれ消費税10％を加算した金額となりますが、消費税の扱いはどのようになるのでしょうか。

行政書士 　消費税を含んだ金額、いわゆる税込みの金額で判断します（※）。例えば、工作機械本体が360万円、運搬・設置代金が100万円の場合、税抜価額では460万円で500万円未満となりますが、これに消費税10％の46万円を含めると税込価額は506万円で500万円以上となりますので軽微な工事に該当しないことになります。

　ご説明した請負金額による建設業許可の要否を図解にすると次のようになります。

（※）　インボイス制度下の消費税の取扱いは、税務分野11「インボイス発行事業者でない者から仕入れた場合の消費税の税額計算」を参照。

請負金額の意義と建設業許可の要否

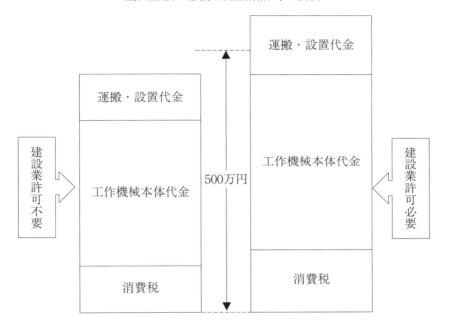

> ポイント整理
>
> 　自社製造の工作機械を取引先の工場に運んで設置する場合、設置工事には機械を床面に固定する作業や配線等が含まれ、建設業法に規定する建設工事に該当する。その場合、建設業の許可を取得する必要がある。

許認可分野

2 空き物件の活用による物品の寄託契約と倉庫業登録の要否

社長 当社の製造部門の統廃合で工場が空き物件となりましたので、これを有効活用したいと考えています。高速道路のインターチェンジに近い立地なので、社内では、物流会社に倉庫として活用してもらうのはどうかとの意見が出ています。法的に何か問題はありますか。

行政書士 建物を倉庫として他社に賃貸するのですか。

社長 いいえ、そうすると当社の工場の生産力を増やすときに機動的な対応が難しいので、建物を利用して、物品のみを預かって対価を得るという方法が採れないでしょうか。

行政書士 物品の寄託契約を結ぶということですね。寄託を受けた物品を倉庫で保管する営業を倉庫業といいますが、他人の貴重な物品を預かるという特性から倉庫業を営もうとする者は、国土交通大臣の行う登録を受けなければならないことになっています。この登録には、保管する物品に応じた倉庫施設の基準をクリアすることや、一定の要件を備えた倉庫管理主任者を選任すること等が必要とされています。

社長 当社の物件で倉庫業の登録を受けることは可能でしょ

うか。

行政書士 　倉庫施設の基準には、建物の用途や立地などについても規定があります。まずは、物件の調査をして、倉庫業登録に必要な要件を満たしているか確認する必要があります。

　また、要件には、都市計画法や建築基準法に関連するものもありますので、既存の建築物の場合、そもそも倉庫業登録に必要な要件を満たしていないというケースも十分に考えられます。例えば、対象物件が第2種住居地域に立地している場合、都市計画法によって営業用倉庫は建築物の用途制限の規制がかかるため倉庫業登録を受けることができません。

社長 　他人の物を預かる場合は、必ず登録を受ける必要があるのですか。身近な例になりますが、クリーニング屋で衣類を保管するサービスを行っているところもあります。この場合はいかがでしょうか。

行政書士 　預かるという行為が、直ちに倉庫業となるわけではありません。倉庫業の登録を要しない事業の中には、寄託に該当しない次のような業務があります。

　　・消費寄託（例：預金）

　　・運送契約に基づく運送途上での一時保管（例：上屋、保管場、配送センター）

　　・修理等の役務のための保管

・自家保管

また、政令で次のような事業も登録が不要とされています。

・保護預り（例：銀行の貸金庫）
・修理等他の役務の終了前後に付随して行われる保管
・ロッカー等外出時の携行品の一時預かり
・駐車場、駐輪場

ご質問のクリーニング屋の保管は、役務の終了前後に付随して行われる保管という取り扱いになりますので、倉庫業の登録が不要なのです。

社長　社内で、寄託契約に基づく営業として物品を預かるには倉庫業の登録が必要で、建築基準法・都市計画法上の要件もあることを共有します。

行政書士　倉庫業登録の要否について図解にすると次のようになります。倉庫業登録が難しい物件であれば、他の活用方法を検討した方がよいかもしれません。

倉庫業登録の要否の判定

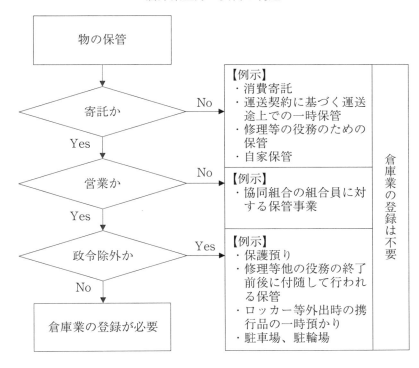

> ### ポイント整理
>
> 物品の寄託契約を結ぶ場合、倉庫業の登録が必要となる。他人の物品を預かるという特性から倉庫業を営もうとする者は、国土交通大臣の行う登録を受けなければならない。この登録には、保管する物品に応じた倉庫施設の基準をクリアすることや、一定の要件を備えた倉庫管理主任者を選任すること等が必要とされている。

許認可分野　空き物件の活用による物品の寄託契約と倉庫業登録の要否

許認可分野

3 産業廃棄物を自社で処理する場合の廃棄物処理業許可の要否

社長 当社の製造部門でプラスチック片が不要物として発生しています。現状では、これを外部に処理委託しているのですが、自前で処理して処理委託費を節約できないか検討しているところです。具体的には、商品を製造するときに発生するプラスチック片を破砕して、燃料ペレットの原材料などとして販売できるのではないかと議論しています。

また、破砕施設を設置し、他社のプラスチック片も処理することで、収入を得られるのではないかとも考えています。法的な問題はありますか。

行政書士 廃棄物の処理は、廃棄物処理法（※）によって厳しい規制が課せられていますが、自社で産業廃棄物を処理する場合は、廃棄物処理業の許可は不要です。ただし、他者の産業廃棄物の処理委託を受ける場合には、許可が必要です。この許可は、廃棄物処理法14条に規定があるので「14条許可」と呼ばれています。

（※）「廃棄物の処理及び清掃に関する法律」のことをいいます。「廃掃法」と略されることもあります。

社長 では、自社の廃棄物処理のみであれば、計画を進めて

も問題ないのですね。

行政書士　14条許可は不要ですが、処理施設の設置については許可が必要となる場合があります。

社長　当社の計画している処理では、処理施設の設置について許可が必要となりますか。

行政書士　廃プラスチック類（※）を破砕するという処理であれば、1日当たり5tを超える処理能力を持つ施設を設置する場合に許可が必要となります。産業廃棄物の処理施設を設置するために許可が必要な施設については、廃棄物処理法15条に規定があるため、「15条施設」と呼ばれています。また、この規定による許可は「15条許可」と呼ばれています。「14条許可」と「15条許可」の判定は次のように表すことができます。

（※）　産業廃棄物は品目が法令で定められています。プラスチック片は「廃プラスチック類」に分類されます。

14条許可と15条許可の要否の判定

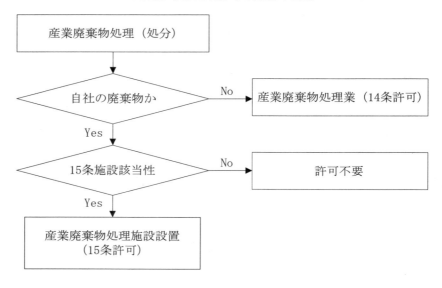

社長 　プラスチック片を破砕する場合は、1日当たり5tの処理能力を超える施設であれば15条施設となり許可が必要なのですね。

行政書士 　15条施設に該当する場合、都道府県又は政令指定都市や中核市の許可の申請が必要な上、条例などでさらに規制が課せられていることが多いので、立地基準や維持管理基準について確認し、行政と折衝をしながら進めていくことになります。

　また、近隣の住民・事業者の方の理解も必要となります。計画の立案から事業を開始できるまでに相応の期間を要することもご承知おきください。産業廃棄物の処理

施設に設置許可が必要な15条施設をまとめると次のようになります。

15条許可が必要な産業廃棄物処理施設

施設の種類	能力・規模
汚泥の脱水施設	$10m^3$／日を超えるもの
汚泥の乾燥施設	$10m^3$／日を超えるもの
汚泥の天日乾燥施設	$100m^3$／日を超えるもの
汚泥の焼却施設	$5m^3$／日を超えるもの 又は200kg／時以上のもの 又は火格子面積が$2m^2$以上のもの
廃油の油水分離施設	$10m^3$／日を超えるもの
廃油の焼却施設	$1m^3$／日を超えるもの 又は200kg／時以上のもの 又は火格子面積が$2m^2$以上のもの
廃酸又は廃アルカリの中和施設	$50m^3$／日を超えるもの
廃プラスチック類の破砕施設	5t／日を超えるもの
廃プラスチック類の焼却施設	100kg／日を超えるもの 又は火格子面積が$2m^2$以上のもの
木くず又はがれき類の破砕施設	5t／日を超えるもの
産業廃棄物の焼却施設（汚泥、廃油、廃プラスチック類及び廃PCB等、PCB汚染物又はPCB処理物の焼却施設を除く。）	200kg／時以上のもの 又は火格子面積が$2m^2$以上のもの
有害物質を含む汚泥のコンクリート固型化施設	全て
水銀又はその化合物を含む汚泥のばい焼施設	
廃水銀等の硫化施設	

許認可分野

産業廃棄物を自社で処理する場合の廃棄物処理業許可の要否

施設の種類	能力・規模
汚泥、廃酸又は廃アルカリに含まれるシアン化合物の分解施設	全て
廃石綿等又は石綿含有産業廃棄物の溶融施設	
廃PCB等、PCB汚染物又はPCB処理物の焼却施設	
廃PCB等又はPCB処理物の分解施設	
PCB汚染物又はPCB処理物の洗浄施設又は分離施設	
産業廃棄物の最終処分場	

社長 処理施設の設置が完了するまでは、他社に処理を委託しますが、これまでのお話から、産業廃棄物処理業の許可を持った事業者に委託しなければならないということですね。

行政書士 その通りです。産業廃棄物処理業には、次のように産業廃棄物収集運搬業と、産業廃棄物処分業があります。産業廃棄物の運搬を委託する場合は、産業廃棄物収集運搬業の許可を持った事業者に、産業廃棄物の処分を委託する場合は、産業廃棄物処分業の許可を持った事業者に委託しなければなりませんので、注意してください。

　なお、産業廃棄物処分業は、「最終処分」と「中間処理」に分けられます。さらに、「最終処分」は埋立と海洋投入に分けられます。また、「中間処理」は、破砕や

脱水などによって、廃棄物の安全化、安定化、減量化を行うことです。この3つのうちの1つも行われない行為は廃棄物の処理とはなりません。

産業廃棄物処理業の種類

産業廃棄物収集運搬業	産業廃棄物処分業	
収集運搬（積替え保管なし）	最終処分 （埋立、海洋投入）	中間処理 （例：破砕、圧縮、切断、脱水、焼却）
収集運搬（積替え保管あり）		

> **ポイント整理**
>
> 廃棄物の処理は、廃棄物処理法によって厳しい規制が課せられている。自社で廃棄物を処理するには、廃棄物処理業の許可は不要だが、他者の産業廃棄物の処理委託を受ける場合には許可が必要。また、処理施設の設置については許可が必要となる場合がある。

許認可分野

4 引き取った中古品を販売する場合の古物商許可の要否

社長 当社の工作機械を販売したときに、販売先から古い工作機械を引き取ってくることがあります。古い機械といっても、中にはまだまだ使える物が多いので、これを点検・整備して中古品として販売したいと考えています。このような取引は、古物商の許可が必要なのでしょうか。

行政書士 ご認識のとおり、古物の「売買」、「交換」、「委託を受けて売買」、「委託を受けて交換」をする場合は古物商の許可が必要です。古物は、次のとおり13品目に分類されていますが、工作機械であれば「機械工具類」に該当します。

なお、大型機械類の中には、そもそも「古物」に該当しないものについての規定（※）もありますので、念のため確認してみてください。

（※）
1 船舶（総t数20t未満の船舶及び端舟その他ろかいのみをもって運転し、又は主としてろかいをもって運転する舟を除く。）
2 航空機
3 鉄道車両
4 コンクリートによる埋め込み、溶接、アンカーボルトを用いた接合その他これらと同等以上の強度を有する接合方法により、容易に取り外すことができない状態で土地又は建造物に固定して用いられる機械であって、重量が1tを超

えるもの
5　前各号に掲げるもののほか、重量が5tを超える機械（船舶を除く。）であって、自走することができるもの及びけん引されるための装置が設けられているもの以外のもの

古物の分類

品目	例示
(1)美術品類	書画、彫刻、工芸品等
(2)衣類	和服類、洋服類、その他の衣料品
(3)時計・宝飾品類	時計、眼鏡、宝石類、装身具類、貴金属類等
(4)自動車	その部分品を含む
(5)自動二輪車及び原動機付自転車	これらの部分品を含む
(6)自転車類	その部分品を含む
(7)写真機類	写真機、光学器等
(8)事務機器類	レジスター、タイプライター、計算機、謄写機、ワードプロセッサー、ファクシミリ装置、事務用電子計算機等
(9)機械工具類	電機類、工作機械、土木機械、化学機械、工具等
(10)道具類	家具、じゅう器、運動用具、楽器、磁気記録媒体、蓄音機用レコード、磁気的方法又は光学的方法により音・影像又はプログラムを記録した物等
(11)皮革・ゴム製品類	カバン、靴等
(12)書籍	本等
(13)金券類	商品券、乗車券、郵便切手及びこれらに類する証票その他の物として古物営業法施行令1条に定められているもの

社長　販売するに当たっては、点検や部品の交換・整備が必

要なのですが、この場合でも古物に該当しますか。

行政書士 古物営業法では、「幾分の手入れをしたもの」も古物になる旨が規定（※）されています。したがって、部品交換や整備をした物であっても古物に該当すると考えられますので、売買を行うに当たっては古物商の許可が必要です。古物商許可の要否をまとめると次のようになります。

（※）　古物営業法でいう「古物」
- 一度使用された物品
- 使用されない物品で使用のために取引されたもの
- これらの物品に幾分の手入れをしたもの

古物商許可の要否

必要な場合の例	不要な場合の例
・古物を買い取って販売する。 ・買い取った古物を修理して販売する。 ・買い取った古物のうち、使える部品を販売する。 ・買い取った古物をレンタルする。 ・古物を別の物と交換する。 ・これらのことをインターネット等を利用して、非対面式の方法により行う。	・自分の物を販売する（「自分の物」とは、自分で使っていた物、使うために買ったが未使用の物。） ・無償でもらった物を販売する。 ・相手から手数料をとって回収した物を販売する。 ・自分が売った相手から売った物を買い戻す。 ・自分が海外で購入した物を輸入して販売する。

社長 買取代金を支払わずに古物を引き取る場合、例えば、新しい工作機械を購入してもらう際に、中古品を下取りして、その買取代金相当額を値引きという形でお客様に

還元するような場合でも、古物商の許可は必要なのでしょうか。

行政書士　その場合は、サービスとしての値引きと考えられますので古物商の許可は不要です。

社長　どのような場合にサービスとしての値引きに該当するのですか。

行政書士　サービスとしての値引きに該当する場合の要件には、形式的要件と実質的要件があります。

形式的要件としては、下取りした古物の対価として金銭を支払うのではなく、販売する新品の本来の売価から一定金額が差し引かれる形での経理上の処理が行われていることが必要です。

実質的要件は2つあり、1つ目は下取りが顧客に対するサービスの一環であるという当事者の意思があること、2つ目は下取りする個々の古物の市場価格を考慮しないことが必要です。

ポイント整理

古物の「売買」、「交換」、「委託を受けて売買」、「委託を受けて交換」をする場合は古物商の許可が必要。古物は区分が定められているが、工作機械であれば「機械工具類」に該当する。下取りの場合も留意が必要。

許認可分野

5 従業員に金銭を貸し付ける場合の貸金業登録の要否

社長 福利厚生の一環として、当社グループの従業員への融資制度を設けたいと考えています。貸金業法との関係で問題はないでしょうか。

行政書士 貸金業法では、事業者がその従業者に対して行う金銭の貸付けは、貸金業に当たらないとされていますので、その場合の貸付けは貸金業法の規制対象外です。

社長 子会社や孫会社の従業員は、この場合の従業者に含まれるのでしょうか。貸金業登録が必要であれば、登録も検討したいと考えています。

行政書士 自社の従業員への貸付けは、貸金業登録は不要ですが、子会社や関連会社など別法人の従業員に対する貸付けについては、この除外規定に該当しません。したがって、子会社や関連会社の従業員に対する貸付けを反復継続して行う場合は、貸金業登録が必要です。

社長 貸金業登録をする場合の要件を教えてください。

行政書士 貸金業登録の要件として、財産的要件と人的要件などがあります。具体的には、純資産額5,000万円以上が必要で、貸金業務取扱主任者と貸金業の業務経験を3年以上有する常務に従事する取締役等の設置などが必要です。

社長 　当社のこれまでの業務に鑑みますと、人的要件は外部から人材を招へいしないと難しいようです。

行政書士 　ほかにも、貸金業務に関する社内規則の策定や、個人に対する貸付けを行う場合には指定信用情報機関（※1）の信用情報を用いて審査をしなければなりません。さらに、書面の交付義務などさまざまな規制（※2）に従って業務を行う必要があり、相応の負担が発生します。

(※1) 指定信用情報機関は、株式会社日本信用情報機構と株式会社シー・アイ・シーです。
(※2) 貸金業者の主な規制
- 指定紛争解決機関との契約締結義務
- 貸金業務取扱主任者の設置
- 証明書の携帯
- 返済能力の調査
- 過剰貸付け等の禁止
- 貸付条件等の掲示
- 契約締結前の書面の交付
- 契約締結時の書面の交付

社長 　社内で、福利厚生の重要性と、貸金業登録と業務運営のコストを比較考量して再度検討してみます。

行政書士 　貸付けを行うに当たって、貸金業登録の要否をまとめると次のようになります。

貸金業登録の要否の判定

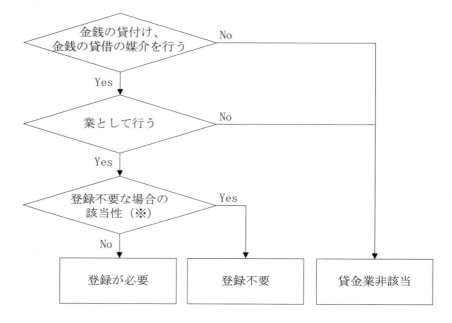

(※) 金銭の貸付け等を業として行う場合における貸金業登録の要否

必要な場合	不要な場合
・消費者金融業者 ・手形割引業者 ・事業者金融業者（不動産担保金融業者等） ・貸付けを行うカード会社や信販会社 ・貸付けを行う百貨店やスーパー	・国又は地方公共団体が行うもの ・貸付けを業として行うにつき他の法律に特別の規定のある者が行うもの ・物品の売買、運送、保管又は売買の媒介を業とする者がその取引に付随して行うもの ・事業者がその従業者に対して行うもの ・資金需要者等の利益を損なうおそれがないと認められる貸付けを行う者で政令で定める者が行うもの（労働組合が構成員に対して行う場合など）

ポイント整理

　従業者に対する貸付けは、貸金業にあたらない。しかし、子会社や関連会社など別法人の従業員に対する貸付けについては、この除外規定に該当しない。したがって、子会社や関連会社の従業員に貸付けを反復継続して行う場合は貸金業者登録が必要。

許認可分野　従業員に金銭を貸し付ける場合の貸金業登録の要否

許認可分野

6 Webサイトで自社製品を販売する場合の電気通信事業登録の要否

社長 　Webサイトで、当社の製品の情報を公開し、消耗品や部品について販売したいと考えています。会議で、何らかの規制がかかる可能性があるのではないかとの意見が出たのですが、いかがでしょうか。届出等が必要になるのであれば、準備を進めます。

行政書士 　Webサイトでの販売は、電気通信事業法の規制の対象になる可能性があります。この法律では、電気通信事業を「電気通信役務を他人の需要に応ずるために提供する事業」と定義しており、電気通信事業を営もうとする者は、登録を受けるか、届出を行う必要があるとされています。

社長 　聞き慣れない用語ですが「電気通信役務を他人の需要に応じるため」とはどのようなものが該当するのですか。

行政書士 　簡単にいうと、電気通信に係る役務を他人のために提供していれば該当します。代表的なものとして、他人と他人のメールの送受信のための役務の提供が挙げられます。

社長 　そうしますと、自己のために提供するものは該当しないのでしょうか。

行政書士 その通りです。例えば、自社のWebサイトで自社の商品を紹介して販売するといった取引は、自己の需要のために提供する役務となりますので該当しません。

社長 では、そもそも「電気通信事業」とはどのようなものが該当するのでしょうか。

行政書士 電気通信設備を使って役務を提供していれば該当します。電気通信設備とは、電気通信を行うための機械類（サーバ等）、器具、通信ケーブルなどの設備をいいます。なお、電気通信事業とは役務の提供を反復継続している場合が該当しますので、緊急・臨時的なものは該当しません。

社長 「営もうとする者」と言われましたが、無償の場合は該当しないのでしょうか。

行政書士 料金を徴収するなど利益を得ようとしているのか否かで判断されますので、無償の場合のほか、原価ベースで提供する場合は、「営もうとする」に該当しません。ただし、実際に利益が出ていないとしても、利益を得ようとしてれば該当しますので注意が必要です。

電気通信事業法における電気通信事業の登録又は届出の要否をまとめると次のようになります。

電気通信事業登録・届出の要否の判定

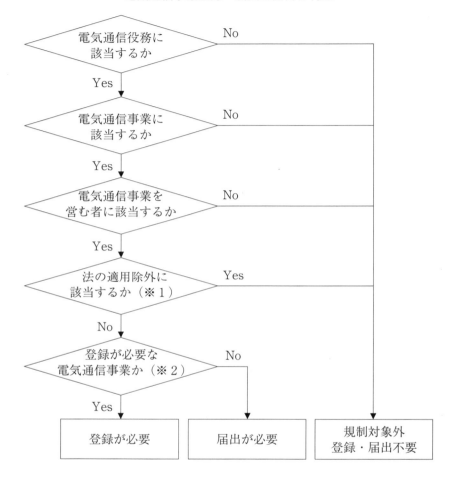

(※1) 専ら一の者の電気通信役務を提供する電気通信事業（例えば、親会社が子会社1社のみに電気通信役務を提供するような場合）などは電気通信事業法の適用が除外されます。

(※2) 電気通信回線設備の設置があって、次に該当する場合は、登録が必要です。該当しない場合は届出が必要となります。

1　端末系伝送路設備の設置区域が一の市町村（特別区、地方自治法の指定都市の区・総合区を含む）を超える場合

2　中継系伝送路設備の設置区間が、一の都道府県の区域を超える場合

> **ポイント整理**
>
> 　電気通信事業法では、電気通信事業を営もうとする者は、登録を受けるか、届出を行う必要があると規制されている。自社のWebサイトでの自社製品・サービスの販売については、電気通信設備を他人の通信の用に提供していないので、電気通信役務に該当しない。

許認可分野

7 公共事業受注に係る入札参加資格と経営事項審査

社長 当社も民間だけではなく、公共調達に参入したいと考えています。当社の製品は、品質がよいと評判なので官公庁でもよい評価をされると思っています。具体的にどのような手順で進めたらよいのでしょうか。

行政書士 官公庁の発注する業務は入札によって受注者が決定されます（※）。したがって、まずは入札に参加することができる資格を取得する必要があります。そのためには、入札に参加したい官公庁を決定し、何を売るのかを選定する必要があります。概ね、官公庁の発注は、「物品・役務の提供」と「建設工事」に区分されています。

（※） 官公庁との契約に係る印紙税は、税務分野9「自然災害の被災者と作成する工事請負契約書の印紙税の非課税措置」を参照。

社長 当社の光学文字認識機械は、官公庁でも需要があると思いますので、機械の販売と設置工事を含めて営業をかけたいと考えています。

行政書士 発注者の判断になりますが、その場合、「物品・役務の提供」と「建設工事」のいずれにも区分される可能性がありますので、両方の入札参加資格を取得しておいた方が無難ですね。

社長 当社の営業エリア内の自治体に絞った方がよいですね。国の仕事だと日本全国が対象エリアになるでしょうか。

行政書士 国の機関も地域ごとに出先機関があり、ほとんどの場合、入札を希望する出先機関だけを対象に申請することが可能です。

なお、建設工事の入札参加資格の場合、一般的に経審と呼ばれる経営事項審査を受け、その結果通知書の交付を受けていないと入札参加資格を得ることができません。また、法人税等の税金の未納や滞納があると、入札参加資格を得ることができない場合がありますので注意してください。

社長 公共工事に参入する場合には、建設業の許可（※）をもっているだけでは十分ではないということですね。経営事項審査とはどのような手続きなのでしょうか。

（※）　建設業許可の要否は、許認可分野1「請負金額の範囲と軽微な工事に係る建設業許可の要否」を参照。

行政書士 経営事項審査は、公共工事を発注者から直接請け負おうとする建設業者が、必ず受けなければならない審査です。この審査は、建設業者の経営規模の認定、技術力の評価、社会性の確認及び経営状況の分析で構成されています。

社長 経営事項審査はいつまでに手続きをする必要がありますか。

行政書士 事業年度終了後4カ月以内に提出しなければならない変更届と経営状況の分析を経て、経営事項審査の申請の手順となります。

社長 経営事項審査には有効期間があるのでしょうか。

行政書士 経営事項審査の結果通知書は、審査基準日から1年7カ月間有効です。なお、切れ目なく入札に対応できるようにするためには、有効期間が満了する日までに、次の経営事項審査の結果通知書の交付を受けるように手続きをする必要があります。

社長 「物品・役務の提供」の場合も経営事項審査を受ける必要はありますか。

行政書士 「建設工事」の場合と違い、経営事項審査は不要です。

社長 入札参加資格にも有効期間はあるのでしょうか。

行政書士 「物品・役務の提供」と「建設工事」のいずれの場合にも入札参加資格の有効期間が設定されますので注意が必要です。

社長 経営事項審査も入札参加資格も、有効期間の管理が大切なのですね。

行政書士 入札参加の手続きについてフローで図解にすると次のようになります。

公共事業に係る入札参加手続き

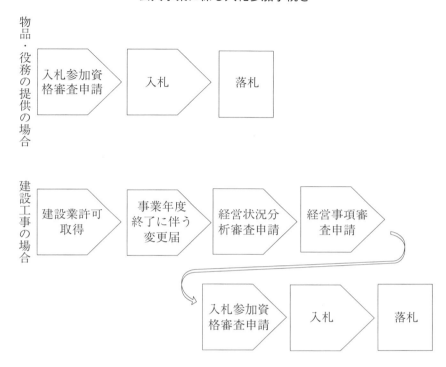

> **ポイント整理**
>
> 　官公庁の仕事は入札によって受注者が決定されるため、まずは入札に参加することができる入札参加資格を取得する必要がある。建設工事の入札参加資格の場合、経営事項審査を受け、結果通知書を受領していないと、入札参加資格を得ることができない。経営事項審査は、建設業者の経営規模の認定、技術力の評価、社会性の確認及び経営状況の分析で構成されている。

許認可分野

8 他の運送事業者に委託する場合の貨物利用運送事業の規制

社長 　当社に運送部門を設けて、物流の効率化を図りたいと考えています。各部門で手配している物流を1つの部門に集約して管理し、無駄を省くとともにコストの把握をしたいのです。効率的に運営でき、利益率の向上が見込まれると思います。

行政書士 　素晴らしい計画ですね。具体的には、自社でトラックを保有するお考えなのでしょうか。

社長 　現状では、車両や倉庫などの物流のアセットを保有することは考えていません。まずは、運送会社の手配から始めていきたいのです。

　当社はこれまで、部門ごと、営業所ごとに貨物自動車運送事業者を手配してそれぞれが運送委託をしていました。極端な話では、同じ営業所から半分だけ荷を積んだトラックが2台出発するというような無駄が生じていました。これを運送部門に一元化し、また、可能であれば、他社の荷物も引き受けることによって、相当の効率化と収益化が見込まれます。法的に何か問題はありますか。

行政書士 　まず、自社の荷物を貨物自動車運送事業者に運送委託することは、運送を受託する事業者に法の規制がかかり

ます。しかし御社には荷主の立場として、運送事業者が法令を遵守して事業を遂行できるように必要な配慮をしなければならないことなどの一定の責務以外、法令の規制はかかりません。

　一方、自社でトラックを持たずに、他社の荷物について、貨物自動車運送事業者を利用して運送を受託することは、荷主に対する運送責任の所在によって、法の規制にかかる可能性があります。もし、輸送途中で事故があった場合に、荷主に対する運送責任はどちらが負うのでしょうか。

社長　事故があった場合には、次のように当社が運送責任を負います。取引先には、「物流については当社にお任せください。」と説明して営業をするつもりです。

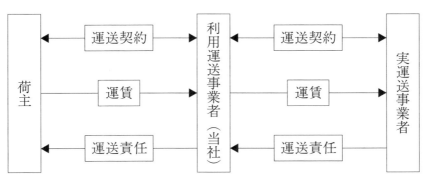

貨物利用運送事業の概要

| 行政書士 | 御社が荷主に対する運送責任を負うのであれば、貨物利用運送事業に該当しますので、登録又は許可が必要です。

| 社長 | 登録と許可にはどのような違いがあるのでしょうか。

| 行政書士 | 第一種貨物利用運送事業と第二種貨物利用運送事業の違いです。具体的には、自動車運送のみ又は基幹輸送（※）のみであれば第一種貨物利用運送事業ですから登録制となります。一方、基幹輸送の前後を自動車運送で挟む事業が第二種貨物利用運送事業となり許可が必要です。簡単に申し上げれば、トラック以外の輸送も利用する場合でドア・ツー・ドアが第二種貨物利用運送事業となります。

ご説明した運送方法の違いによる運送事業の種類を図解にすると次のようになります。

（※）航空機、船舶及び鉄道輸送をいいます。航空機及び船舶は、さらに海外と国内に区分されます。

貨物利用運送の事業形態

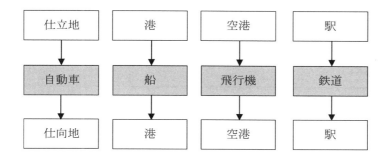

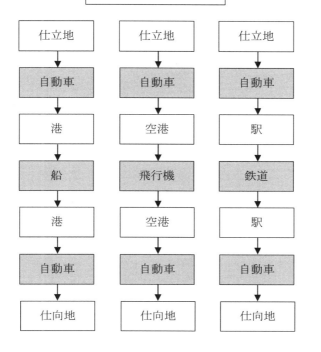

213

> **ポイント整理**
>
> 　自社の荷物を貨物自動車運送事業者に運送委託することは、荷主の立場としての一定の責務以外、法令の規制がかからない。一方、自社でトラックを持たずに、他社の荷物について、貨物自動車運送事業者を利用して運送の委託を受けることは、荷主に対する運送責任の所在によって、法の規制にかかる可能性がある。

許認可分野

9 自社で運送する場合の一般貨物自動車運送事業の規制

社長　おかげさまで、運送部門が期待以上に頑張ってくれて、かなり収益に貢献しています。このままこの運送部門を拡大したいと考えています。貨物利用運送事業だけではなく、自社でトラックを用意して本格的に貨物自動車運送事業に参入する計画を立てています。なお、荷主は複数の者になる予定です。この場合、運送事業の許可が必要だと思いますがいかがでしょうか。

行政書士　次のように他人の需要に応じ有償で貨物を運送する事業は、許可が必要です。荷主が複数の者になるのであれば一般貨物自動車運送事業の許可が必要です。

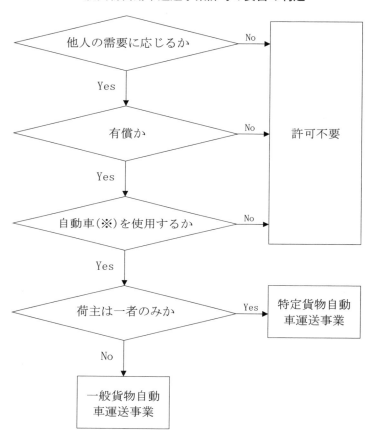

（※）　三輪以上の軽自動車及び二輪の自動車を除く。

社長　　一般貨物自動車運送事業の許可を受ける場合どのような要件がありますか。

行政書士　要件は大きく分けて4つです。具体的には、次の人的要件、財産的要件、施設要件及び車両要件です。

一般貨物自動車運送事業許可の要件

区分	概要
人的要件	運行管理者・整備管理者の配置 運転者の確保
財産的要件	資金計画の作成 事業開始資金相当額の残高証明書の提出
施設要件	都市計画法等に違反のない営業所・休憩睡眠施設の確保 一定の要件を満たした自動車車庫の確保 車庫の接続道路の幅員
車両要件	営業所に5台以上確保

社長 許可を受けるにはどれくらいの期間が必要ですか。

行政書士 既存の営業所や車庫を使用する計画であれば、施設要件の確認が必要です。また、人的要件を満たしていなければ採用活動や教育研修活動も必要です。準備を含めて半年から1年ほど時間を要しますので注意してください。

社長 4つの要件のほかに注意点はありますか。

行政書士 法令試験に合格することも必要です。役員のうち1名が、法令試験を受験しこれに合格（※）しないと、他の要件を全て満たしていても許可を得ることができません。取締役の中から1名を法令試験の受験予定者として貨物自動車運送事業経営許可申請時点で選定していただく必要があります。これまでにご説明した許可申請手続きの流れは、次のようになります。

（※）法令試験は、貨物自動車運送事業法を始め関連する法令から出題される。試

験時間は50分で、合格には8割以上の正答率が必要。

申請手続きの流れ

```
┌─────────────────────┐
│  立地の確認・要件の確保  │
└─────────────────────┘
           ↓
┌─────────────────────┐
│   申請書の作成・申請    │
└─────────────────────┘
           ↓
┌─────────────────────┐
│      法令試験         │
└─────────────────────┘
           ↓
┌─────────────────────┐
│       許可           │
└─────────────────────┘
           ↓
┌─────────────────────┐
│  事業用ナンバーの取得等  │
└─────────────────────┘
           ↓
┌─────────────────────┐
│      運輸開始         │
└─────────────────────┘
```

社長　　許可を受けた後の注意点はありますか。

行政書士　許可を取得して一般貨物自動車運送事業者となれば、日常の業務運営も法令の規制にかかることが増えます。車両の維持管理のほか、労務管理についても、御社の他部門の業務とは異なる基準があります。

社長　　新たに規制が増えるということですね。法務部にも確認させます。

行政書士 　特に、労務管理は独自の基準が設定されていますので、社会保険労務士との事前の打ち合わせをしてください。

> **ポイント整理**
>
> 　自社のトラックで貨物自動車運送事業に参入するには、人的要件、財産的要件、施設要件及び車両要件の4つをクリアしなければならない。既存の営業所や車庫を使用する計画であれば、施設要件の確認が必要。また、人的要件を満たしていなければ採用活動や教育研修活動が必要。準備を含めて半年から1年ほど時間が必要となる。

許認可分野

10 関連会社の物件の賃貸を媒介する場合の宅地建物取引業の規制

社長 当社は、工場跡地などの不動産を所有しているため、不動産業に参入して、収益を上げたいと考えていますが宅地建物取引業の免許が必要なのでしょうか。社内で確認したところ、宅地建物取引士の有資格者が何名か在籍しています。

行政書士 不動産業は、宅地建物取引業法で規制されています。不動産業といえば、身近な仕事ですが、法では、①宅地・建物の売買、②宅地・建物の交換、③宅地・建物の売買、交換又は賃借の代理、④宅地・建物の売買、交換又は賃借の媒介をする行為を業として行うものをいうと定義されており、これらに該当する場合には免許を受ける必要があります。

なお、「業として行う」とは、反復継続して行い、社会通念上事業の遂行とみることができる程度のものをいいます。したがって、自社物件を一度だけ売却する場合や、自社所有の建物を賃貸するといった場合には、宅地建物取引業に該当しないと考えられますので、免許は不要です。宅地建物取引業に該当するか否かをまとめると次のようになります。

宅地建物取引業とは

区分	自己物件	他人の物件の代理	他人の物件の媒介
売買	○	○	○
交換	○	○	○
賃借	×	○	○

社長　関連会社の社宅の一部が、空室となっているので、グループ外の方にも賃貸したいと考えていますが、この場合はいかがでしょうか。

行政書士　その場合、宅地建物取引業に該当する可能性が高いですね。

宅地建物取引業を営もうとする者は免許を受けなければなりません。免許は、事務所を2つ以上の都道府県の区域内に設置する場合は国土交通大臣から、1つの都道府県の区域内にのみ事務所を設置する場合は知事から免許を受けることになります。御社の場合、いかがでしょうか。

社長　まずは東京の本社のみを不動産業の事務所にしたいと考えています。

行政書士　その場合は東京都知事の免許を受けることが必要です。

社長　免許の要件にはどのようなものがあるのでしょうか。

行政書士　免許を受けるための要件は大きく分けて、人的要件と事務所要件の2つです。

許認可分野　関連会社の物件の賃貸を媒介する場合の宅地建物取引業の規制

まず、人的要件としては、役員等が復権を得ていない破産者など欠格要件に該当していないことや、専任の宅地建物取引士の設置が求められます。専任の宅地建物取引士は、宅地建物取引業に従事する職員5名につき1名以上の割合で設置することが必要です。例えば、宅地建物取引業に従事する職員が8名の場合、専任の宅地建物取引士は2名以上必要となります。宅地建物取引業に従事する職員の数には専任の宅地建物取引士の数も含めます。

社長　当社はまず3名程度の人員で始めたいと考えています。この場合は1名の専任の宅地建物取引士でよいのですね。

行政書士　その通りです。ほかにも宅地建物取引士個人に確認するものとして、宅地建物取引士資格登録簿の登録事項の内容を確認する必要があります。なお、この登録簿には、「氏名」、「住所」、「従事している宅地建物取引業者の名称」等が記載されています。

社長　もう1つの事務所要件はどのようなものでしょうか。

行政書士　一般的には、物理的に宅地建物取引業の業務を継続して行える機能を持っていて、社会通念上事務所として認識される程度に独立した形態を備えていることが必要です。

社長　当社は、同一フロアにグループの他社と同居しているのですがいかがでしょうか。

|行政書士| その場合は、間仕切り等で相互に独立していることが必要となります。事務所の候補が決まりましたら事前にお知らせください。

|社長| 免許を受けた後の注意点はありますか。

|行政書士| 免許を受けた後、実際に営業を始めるためには、営業保証金を供託するか、宅地建物取引業保証協会に加入する必要があります。供託の場合は、本社を主たる事務所とする場合は供託金が1,000万円ですが、宅地建物取引業保証協会に加入する場合はこの供託金の供託は免除され、これに代わって本社の場合で弁済業務保証金分担金を60万円納付することになります。宅地建物取引業保証協会に加入する場合は、入会金等のイニシャルコストと、年会費等のランニングコストの負担が発生しますので注意してください。

　宅地建物取引業の免許申請手続きをフローにすると次のようになります。

宅地建物取引業の免許申請手続き

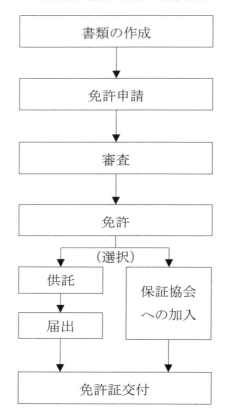

ポイント整理

　宅地建物取引業を営もうとする者は免許を受けなければならない。人的要件として、役員等が欠格要件に該当していないことや、専任の宅地建物取引士の設置が求められる。また、免許を受けたあと、実際に営業を始めるためには、営業保証金を供託するか、宅地建物取引業保証協会に加入する必要がある。

第 5 章

付　　録

付　録

1　図解の種類

　図解のパターンには一般的には次のようなものがあります。通常は1つのパターンを使って表現しますが、内容によっては、複数のパターンを組み合わせて表現することもあります。

(1)**フローチャート**
　フローチャートは通常ヒト、モノ、カネ、データなどの取引の流れを表す場合に使用します。
　次の例は当社が、A社から無地のTシャツを仕入れ、それを当社の自社工場に支給してイラストのプリント加工をし、イラスト入りのTシャツとしてB社に販売しているところ、それぞれの代金は振込で決済しているとした場合の図解です。ここではモノの流れとカネの流れのみを表していますが、書類やデータの流れなども併せて表すこともあります。
　なお、複数のアイコンを表示することになる場合には、中心的なヒトのアイコンを網掛けで囲むなどして目立たせます。ここでは当社と自社工場を囲んでいます。

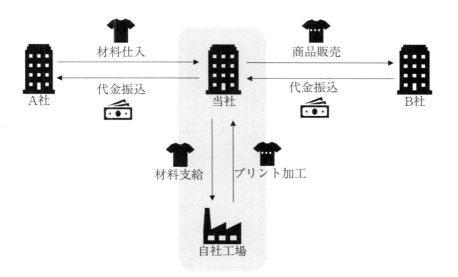

(2)タイムフロー

　タイムフローは、トキやモノの動きなどを時系列で整理する場合に使用します。

　次の例は3月決算のA社が、令和5年6月1日にB社と業務請負基本契約を締結して、令和5年6月8日にA社の自社工場で使用する機械装置の製造納入をB社に発注しています。A社は請負代金の支払として、令和5年6月8日に請負代金の30％を支払い、令和5年7月10日には着工時に支払うこととしている請負代金の30％を支払っています。そして、機械装置は令和6年2月22日に設置され、令和6年3月1日に検収した後、令和6年4月30日に検収時に支払うこととしていた請負代金の40％を支払ったとした場合の図解です。

この例では上部にトキに関する情報を記載し、下部にその時点で発生した事実関係を記載しています。トキに間隔があり、時間の長さを短くして表す場合には、直線上に縦向きの波線の記号を使うことがあります。

　なお、決算に係る事業年度末日や期限など他の情報と区分した方がよいものは、線の太さを変えて表すこともあります。

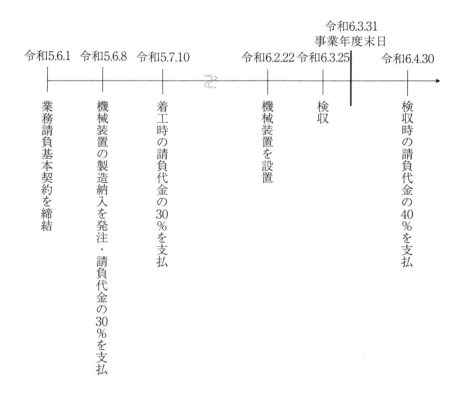

(3) Yes/No チャート

　Yes/No チャートは、質問に対し Yes 又は No のように二者

択一で答えていき、その判断に基づいて結果を得る場合に使用します。使用する記号としては、質問内容は◇、それ以外は□とするのが一般的です。

　次の例は私立大学が製薬会社から提供された受託研究費について、法人税が非課税（収益事業の請負業に該当しない）となる要件に該当するのか否かを判断する場合の図解です。

　私立大学で研究結果が公表されている場合（Yes）は非課税となり、これに該当しない場合（No）において研究結果の一部又は全てが大学に帰属する場合（Yes）には、非課税になるということが分かります。なお、いずれにも該当しない場合（No）には、請負業に該当して法人税が課税されることが分かります。

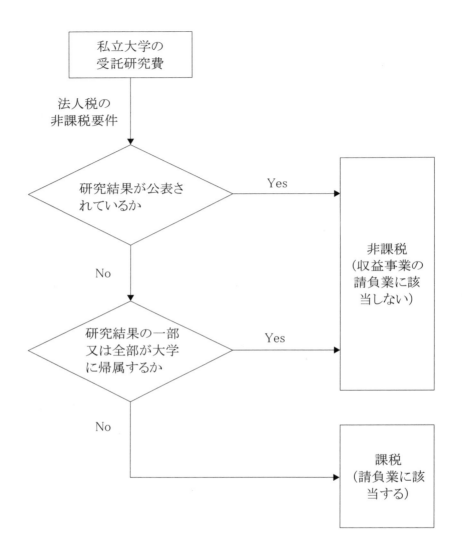

(4) 関係図

　　関係図は、登場する個人や法人などの相互の関係を表す場合に使用します。具体例としては、被相続人と相続人の関係を表

す相続関係図や、法人の株主を表す出資関係図、そして企業内の組織（総務課、営業課など）を表す組織図などがあります。

次の例は相続関係図です。令和6年7月10日にAの相続が開始しています。Aの配偶者Bは既に死亡していますので、相続人は子のCとアメリカ在住のDの2名であるとした場合の図解です。

なお、この事例ではDがアメリカ在住ですので点線の曲線などで国境を表し、国名は旗のイラストを使用しています。

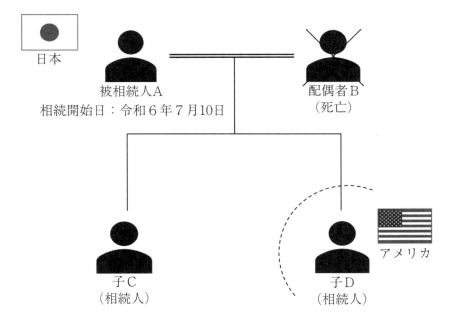

(5) マトリックス

マトリックスは複数の情報を縦軸と横軸を使って整理する場

合に使用します。

次の例は累次の消費税率の改正状況を時系列に整理したものです。消費税導入時の平成元年4月1日以降は消費税率3％でした。導入当初は地方税の地方消費税はありません。

これが改正され平成9年4月1日以降は消費税率4％、地方消費税率1％で、これらの合計で5％となりました。次の改正の平成26年4月1日以降は消費税率6.3％、地方消費税1.7％で、これらの合計で8％となりました。直近の改正の令和元年10月1日以降は標準税率として消費税率7.8％、地方消費税2.2％で、これらの合計で10％となりました。更にこの改正後では軽減税率が創設され消費税率6.24％、地方消費税1.76％で、これらの合計で8％となりましたので、これらの改正経過をまとめた図解です。

適用開始日 区分	平成元年4月1日以降	平成9年4月1日以降	平成26年4月1日以降	令和元年10月1日以降	
				標準税率	軽減税率
消費税率	3％	4％	6.3％	7.8％	6.24％
地方消費税率	－	1％	1.7％	2.2％	1.76％
合計	3％	5％	8％	10％	8％

付　録

2　図解の基本的なルール

　図解のパターンは多数ありますが、フロー形式と表形式の二つの基本パターンを理解すれば、多くの事例に対応できます。基本のパターンをベースに、複数のパターンを組み合わせることはもちろん、線の太さを変えたり、網掛けや色を使ったりするとより一層分かりやすい図解になります。ここでは図解の基本的なルールを紹介します。

(1) 共通的な留意点

　図解のパターンに関係なく共通する留意点としては、次のような点が挙げられます。

①　タイトル

　図解が完成したらタイトルを表示します。タイトルを見れば、何を図解したものかが分かることが大切です。このため、タイトルは「〇〇の構図」や「〇〇の流れ」など、その図解が何を表しているのかが端的に分かるように短かい文章にします。

　なお、タイトルは図解とフォントを変えたり、文字ポイントを大きくしたりするのが一般的です。

② 　情報源

図解の基となった情報の情報源を表示する場合は、左下などの余白に注書きとして例えば「○○○を基に作成」、「○○○の資料に基づく」、「○○○の説明を基に作成」のように記載します。なお、注書きは文字ポイントを小さくするのが一般的です。

③　補足説明

　　すべての情報を図表のみで表現しようとすると複雑になり過ぎて、かえって分かりづらく伝わりにくいものとなります。そこで、必要に応じて吹き出しや余白に文章を入れるなどして補足説明を加えます。

(2)フロー形式の留意点

　複数のヒトが登場し、それらの相互の関係を図解する場合には、フローチャートを使うことが一般的ですが、図解に当たっては次のような留意点が挙げられます。

①　レイアウト

　　図解のレイアウトとしては、一般的には左から右に展開するものか、又は上から下の方向に展開するように描きます。また図解のサイズとしては、Ａ４版で１枚に収められるように描くことが望ましいです。

②　アイコン

　　相手の話を聴きながらフローチャートを描く場合には、手書きとなり、時間的、技術的な制約からシンプルな□や○と

いった図形を使って描くことになりますが、これだと視覚的に分かりやすいといえません。パソコンを使う場合は、例えばMicrosoft officeのWordやExcelのアイコン機能には🏢👤などがあり、これらを使って法人や人を表すと分かりやすくなります。

③　矢印

　モノやカネの流れなどは動きがあるものとして一端に矢印が付いた線でつなぎます。逆に出資関係や家族構成などのように一時点の状態を示すものは、動きのないものとしてこれらの関係性を示す記号は両端に矢印のない線でつなぎます。

　なお、一端に矢印が付いた線の場合、この矢印は左から右に向かうものか、逆に右から左に向かうものか、矢印の方向には特に注意が必要です。例えばカネの流れが、自社から見て外に向かう矢印（→）であれば、出金を意味することになりますが、これを誤って外から自社に向かう矢印（←）にしてしまうと入金を意味することになり、内容が全く違うものになってしまいます。

　また、契約締結のように互いで行うものは、両端に矢印が付いた線（↔）でつなぎます。

④　線の種類

　線は内容によって使い分けます。実線（─）は明らかな関係、点線（…）は不明な関係や予想される関係、そして強調したい関係の場合には太線（━）というように、関係性の違

いを区別することができます。

　また、線が何を表しているのか、モノの動きなのか、カネの動きなのかを明確にするために、線の上又は下に説明を付け加えます。説明のほかに、アイコンとして💰📦などを使って、💰をカネの動きとして付け加えたり、📦をモノの動きに付け加えたりすることで、より視覚的に分かりやすいものとなります。

　線が交差する箇所がある場合には、波形の線（⌒）を使って一方の線を跨ぐ形にしたり、交差する線の前後で一方の線を切って間を空けたり（╳）するなどして交差する線の動きが混在しないようにします。

　なお、線に①や❷のような番号を付けて、流れを時系列に分かりやすく表すこともあります。

(3) 表形式の留意点

　例えば、得意先ごとの取引の現状について、取引開始年、締切日、決済日、決済方法、月商、当社の担当者などを一覧性のある表にする場合、マトリックスを使うことが一般的です。この場合次のように縦軸に得意先名、横軸に取引状況を記載することが考えられます。記載する取引情報は簡潔に表現することが大切です。

　なお、縦軸と横軸のタイトル行を網掛けして、記載内容と区分すると見やすくなります。

取引状況 得意先	取引開始年	締切日	決済日	決済方法	月商	当社担当者
A社	平成30年	月末	翌月末	振込	100万円	甲
B社	令和4年	20日	翌月10日	振込	50万円	甲
C社	平成13年	月末	翌月末	振込	200万円	乙

おわりに

　最後までお読みいただきましてありがとうございました。

　本書は中小企業の経営で直面する課題について、税務・法務・労務・許認可の分野における留意点などを問答と図解で解説してきました。

　1つの課題に対して、法的に複数の検討が必要になることは、経営に携わっている方であれば、少なからず実感されていることだと思います。経営上のさまざまな課題について、本書が取り扱ったテーマはわずかに50個であり、加えて紙幅の関係で言葉足らずの点があるかもしれませんが、経営課題の解決に向け少しでも参考になれば幸いです。

　最後に、本書は分野の異なる複数の士業による合作となりましたが、一般財団法人大蔵財務協会の出版編集部の皆様にはご多忙の中企画段階から校正に至るまで伴走していただきました。また、原稿には多種多様な図表を使用しているため、印刷のご担当の方にはトレース等で大変お手数をお掛けしました。表紙デザインにつきましても本書の中身を端的に表していただき本の「顔」となりました。洗練されたデザインでとても気に入っています。関係する皆様のご支援とご協力があって本書が出版できたことに改めて感謝申し上げます。

著者一同

【著者紹介】

野川　悟志（ノガワ・サトシ）
福岡県出身。
国税庁、東京国税局などを経て
東京都品川区で税理士登録。
筑波大学大学院博士前期課程修了（法学）。

松岡　慶一（マツオカ・ケイイチ）
神奈川県出身。
銀行、会計事務所、航空会社などを経て
東京都品川区で税理士登録。
明治大学政治経済学部卒業。

佐々木　徹（ササキ・トオル）
茨城県出身。
司法書士事務所、商社子会社を経て
東京都品川区で司法書士登録。
法政大学法学部卒業。

日隈　久美子（ヒノクマ・クミコ）
東京都出身。
航空会社、社会保険労務士事務所を経て
東京都豊島区で社会保険労務士登録。
明治大学大学院博士前期課程修了（経営学）。

星野　誠（ホシノ・マコト）
東京都出身。
証券会社を経て
東京都品川区で行政書士登録。
専修大学法学部卒業。

～社長と士業の図解問答50選～
知っておきたい 中小企業の税務・法務・労務・許認可

令和 6 年11月14日　初版印刷
令和 6 年11月26日　初版発行

著　者	野松　佐々木　日隈　星野　川岡　悟慶　志一

著者：
野　松　志　一
川　岡　悟　一
佐々木　慶　美子
日　隈　徹　誠
星　野　久

不許複製

(一財)大蔵財務協会　理事長
発行者　木　村　幸　俊

発行所　一般財団法人　大蔵財務協会
〔郵便番号 130-8585〕
東京都墨田区東駒形1丁目14番1号
（販　売　部）TEL03(3829)4141・FAX03(3829)4001
（出版編集部）TEL03(3829)4142・FAX03(3829)4005
https://www.zaikyo.or.jp

乱丁・落丁はお取替えいたします。
印刷　三松堂㈱
ISBN978-4-7547-3253-0